Antonia Berberich, Holger Winter (Hg.)

Meine Geschichte 2

Ein Schreibwettbewerb der Stadtbücherei Karben
für alle 3. und 4. Schulklassen in Karben

D1924626

Antonia Berberich, Holger Winter (Hg.)

Meine Geschichte 2

Ein Schreibwettbewerb der Stadtbücherei Karben
für alle 3. und 4. Schulklassen in Karben

Morlant Verlag

Umschlaggestaltung: Lara Kraft

Impressum:
Bibliographische Information der Deutschen Bibliothek:
Die Deutsche Bibliothek verzeichnet diese Publikation in der Deutschen Nationalbibliographie; detaillierte bibliographische Daten sind im Internet über http://dnb.ddb.de abrufbar.

© 2016 by Morlant Verlag
Taunusstr. 29
D – 61184 Karben
E-Mail: info@morlant-verlag.de
Internet: www.morlant-verlag.de
www.facebook.com/morlant.verlag

ISBN: 978-3-943041-31-6

Inhalt

Aprilstreiche

Von Konstantin Herbst

Vorbereitungen für den ersten April

Ich heiße Simon, bin 10 Jahre alt und gehe in die 4. Klasse der Kreuz-Berg-Grundschule. Meine Klasse ist total verrückt, genauso wie ich. Einmal mussten wir im Unterricht so lange lachen, bis es zur Pause gegongt hatte, weil unsere Lehrerin eine ausgestopfte Maus für echt hielt. Ihr müsst wissen, dass meine Lehrerin, Frau Mühlenbach, tierische Angst vor Mäusen, Spinnen und anderem Ungeziefer hat. Die besten Streiche kann sich allerdings Moritz aus meiner Klasse ausdenken. Dann sind in meiner Klasse noch Johannes, Lukas, Leon, Maximilian, Paul, Timo, Dennis, Sebastian und die Mädchen.

In vier Wochen ist der erste April und wir überlegen immer noch fieberhaft, welche Streiche wir den Mädchen und unseren Lehrern spielen sollen. Ich glaube, die Mädchen wollen uns auch mit einem Streich überraschen, aber ich weiß noch nicht mit welchem. Sie tuscheln in den Pausen die ganze Zeit aufgeregt hin und her, aber wenn einer von uns Jungen vorbeiläuft, dann werden sie immer sofort leise.

„Simon, hörst du mir überhaupt zu?", fragt Frau Mühlenbach. „Ähm....ja natürlich, was war nochmal die Frage bitte?", stottere ich ihr entgegen. „ Welche Farbe hat die deutsche Flagge?", entgegnet Frau Mühlenbach im ernsten Ton. Auf diese Frage antworte ich mit: „Sie hat zwei schwarze, zwei gelbe und zwei rote Streifen." „Warum meinst du zwei Streifen?", fragt sie nach. „Natürlich hat sie zwei Streifen, einen jeweils von jeder Farbe vorne und einen hinten", kommt Moritz mir zu Hilfe. Die ganze Klasse bricht in tosendes Gelächter aus, nur meine Lehrerin zwinkert nicht mal mit einem Auge, sondern läuft wieder schnurstracks auf ihren Platz zurück. Dann gongt es und die Schule ist für heute vorbei. „Wollen wir uns heute Nachmittag treffen?", frage ich alle Jungs. Die meinen nur: „Okay", und wir verabreden uns um drei Uhr auf dem Marktplatz.

Punkt drei Uhr treffen wir uns dort. „Wollen wir uns erst mal ein Eis bei „Gelateria" holen?", fragt Johannes. Wir sind alle sofort einverstanden und gönnen uns jeder eine Kugel Schokoladeneis, setzen uns auf den Brunnenrand und schlecken erstmal gemütlich daran. „Und was wollen wir jetzt machen?", fragt Paul. „Also ich dachte, wir denken uns einen Streich für den ersten April aus!“, meine ich. „Wir könnten vielleicht die Tafel mit Spülwasser saubermachen, sodass man darauf nicht mehr schreiben kann“, fängt Paul an, aber Leon fügt schnell hinzu: „Das machen wir auf jeden Fall bei Frau Gesang, aber nicht bei Frau Mühlenbach.“ „Stimmt, da hast du auch wieder recht“, meint Paul. „Das machen wir auf jeden Fall. Für Frau Mühlenbach müssen wir uns halt was anderes einfallen lassen“, sagt Sebastian. „Moritz, was meinst du dazu, du hast noch gar nichts gesagt.“ „Ich habe noch keine Idee. Wir haben ja schon so viele Streich gemacht“, entgegnet er, „mir fällt bestimmt was ein.“ Dann verabschieden wir uns und gehen nach Hause.

Am nächsten Tag in der Schule haben wir in der ersten Stunde Sport. Da können wir uns mal wieder einen Streich einfach nicht verkneifen, denn der Lehrer erklärt: „Wärme verursacht Dehnung, bei Kälte zieht sich dagegen alles zusammen. Kann mir jemand ein Beispiel nennen?“ Dennis meldet sich: „ Ja, die Sommerferien sind länger als die Winterferien.“ Da müssen wir alle lachen, sogar unser Sportlehrer.

In der nächsten Stunde haben wir Sachunterricht. Frau Mühlenbach fragt Timo: „In vielen griechischen Sagen gibt es die erstaunlichsten Wesen. Manche sind halb Mensch halb Tier. „Wie heißt zum Beispiel das Zwischending zwischen Mensch und Pferd?“ „Sattel, wie sonst?“, antwortet er. Und wieder lachen alle. Auch Frau Mühlenbach schmunzelt.

Die nächsten zwei Wochen vergehen wie im Flug und wir haben uns immer noch keinen Streich für den ersten April ausgedacht. Ich glaube, die Mädchen haben ihren Streich schon bis ins kleinste Detail geplant. Als es in der Schule gerade zur Pause gongt und wir auf den Schulhof gehen, hat Moritz plötzlich eine geniale Idee. Wir verabreden uns um drei Uhr bei ihm zu Hause um alles genau zu planen. Um kurz nach drei ziehen wir uns mit ein paar Keksen und Saft in Moritz Zimmer zurück. „Okay, los geht’s....“, meint Moritz und wir stecken die Köpfe zusammen. Als ich spät abends nach Hause gehe, steht der Plan für den Tag fest und die Rollen sind aufgeteilt. Jetzt fehlt nur noch ein Streich, aber um den wollen wir uns morgen kümmern. Die nächste Woche vergeht und der erste April rückt immer näher. Morgen ist es schon so weit.

Erster April

Am nächsten Morgen treffen wir uns eine halbe Stunde früher als geplant, denn wir müssen noch alles für unseren Streich vorbereiten. Wir gehen in den Klassenraum und legen halbe Nussschalen, die wir mitgebracht haben, unter die Stuhlbeine der Mädchen. Dasselbe machen wir auch bei unserer Lehrerin. Mit dem Gong kommen die Mädchen in die Klasse gerannt und lachen. Als dann auch unsere Lehrerin kommt, setzen sich die Mädchen auf die Stühle und da kracht es plötzlich unter ihnen. Erschreckt und kreischend springen sie alle auf und wir rufen nur: „April, April!" Dann müssen wir alle lachen. Nachdem es unserer Lehrerin gelungen war, uns zu beruhigen, sollen wir uns alle setzen. Auch unsere Lehrerin geht zu ihrem Pult und setzt sich. Da kracht es schon wieder! Diesmal ist sie es, die plötzlich aufspringt. Und wir rufen wieder: „April, April!" Und diesmal lachen wir alle noch lauter als beim ersten Mal. Wir lachen so lange, bis es zur Pause klingelt.

Wir Jungs rennen als erste auf den Pausenhof, aber wir kommen nicht weit, denn die Mädchen haben Alufolie auf die Tür gespannt und wir laufen genau dagegen und verheddern uns richtig darin. Hinter uns rufen die Mädchen: „April, April!“ Sie lachen sich richtig schlapp. Uns muss unbedingt etwas für eine Rache einfallen...

Dann haben wir Sport. Ob der Sportlehrer noch weiß, dass heute der erste April ist? Wir gehen in die Turnhalle und ziehen uns schnell um. Als wir im Kreis stehen, um guten Morgen zu sagen, schleicht sich Moritz schnell hinter den Sportlehrer, bückt sich und verknotet seine Schnürsenkel miteinander. Als der Lehrer dann die Sportgeräte holen will und losgeht, stolpert er, und wir alle lachen und schreien: „April, April!“ Dann dürfen wir für den Rest der Stunde Spiele aussuchen.

Rache, Freundschaft und Einiges mehr

In der nächsten großen Pause schleichen wir uns in die Schulküche und besorgen uns dort Spülmittel. Aus dem Sachkunde-Schrank holen wir ein paar ekelige Plastikspinnen und gehen in die Klasse. Während Maximilian Wache steht, vermischen wir Wasser mit dem Spülmittel und wischen damit die Tafel ab. Die Plastikspinnen legen wir in die Mäppchen und Ranzen der Mädchen. Als es gongt, setzen wir uns wie gewöhnlich auf unsere Plätze und tun so, als ob nichts gewesen wäre. Als die Mädchen reinkommen und ihre Stifte rausholen wollen, ziehen sie erschrocken die Hände zurück und schreien: „Iiiiiiiiihhhhhh!“ Wir Jungs lachen uns natürlich schlapp. Aber ehe die Mädchen noch eine Bemerkung machen können, kommt Frau Gesang, unsere Musiklehrerin, in die Klasse. Bei ihr müssen wir immer besonders viel von der Tafel abschreiben. Nach der Begrüßung fängt sie an, einen Lückentext an die Tafel zu schreiben. Aber egal wie oft und wo sie es versucht, die Kreide will einfach nicht haften bleiben. Wir versuchen ernst zu bleiben und nicht zu lachen. Als wir nicht mehr können, schreien wir: „April, April!“ Und jetzt versteht auch Frau Gesang, worum es geht und fängt auch an zu lachen. Wir lachen und lachen, bis die Stunde zu Ende ist.

Dann haben wir nur noch Mathe. Und diesmal überraschen uns die Mädchen. Sie haben den Stuhl von Frau Mühlenbach mit Kleber am Boden festgeklebt. Als Frau Mühlenbach reinkommt und sich hinsetzen will, müssen wir alle kichern. Sie fragt. „Was ist denn mit euch los?“ und will den Stuhl unter dem Pult hervorziehen, aber es geht nicht: Der Stuhl lässt sich nicht bewegen. Gott-sei-Dank haben die Mädchen einen extra wasserlöslichen Kleber genommen und so dürfen wir jetzt den Stuhl unserer Lehrerin mit einer Gießkanne „gießen“ und so vom Boden lösen.

Als wir fertig sind, gongt es und Frau Mühlenbach sagt zu uns: „Na das habt ihr ja toll hinbekommen. Jetzt haben wir nicht mal Mathe geschafft.“ Dann dürfen wir nach Hause gehen. Auf dem Weg nach Hause freunden wir uns sogar wieder mit den Mädchen an.
Leider ist der Tag zu schnell zu Ende... aber wir freuen uns auf den 1. April im nächsten Jahr!

Das Zirkuspony

Von Josefine Hein

Es war einmal ein Mädchen, das lebte mit ihren Eltern in einem Zirkus. Das Mädchen hieß Lilli und würde gerne im Zirkus etwas aufführen. Aber ihr Vater erlaubte es nicht. Ihre Mutter war Seiltänzerin und übte fast jeden Tag. Also hatte sie keine Zeit für Lilli. Ihr Vater war der Zirkusdirektor. Auch er übte jeden Tag seine Rede und hatte auch keine Zeit für Lilli. Lilli saß an der Koppel neben dem Zirkus und schaute dem Pony, das einsam auf der Koppel graste, zu. Da stöhnte Lilli: „Du bist bestimmt genauso einsam wie ich. Meine Mutter tanzt jeden Tag auf dem Seil und mein Vater probt jeden Tag seine Rede. Und ich, ... ich sitze hier bei dir.“ Da guckte das Pony zu ihr auf. Doch dann graste es weiter.

Lillis Mama rief nach ihr. Das Essen war fertig. Beim Essen fragte Lilli ihre Mutter: „Wem gehört eigentlich das Pony drüben auf der Koppel?“ „Das gehört Timo, der war früher in meiner Klasse. Er möchte es schlachten. Es nützt nichts mehr, es ist einfach zu klein.“, antwortete ihre Mutter. „Was?“, rief Lilli empört, „Er will es schlachten?! Ist der bekloppt? Ich will es haben!“ Ihre Mutter antwortete: „Nein, erstens haben wir nicht genug Geld und zweitens ist Reiten gefährlich. Du könntest dich verletzen.“ „Mich verletzen?“, fragte Lilli. „Sie ist aber doch so süß und außerdem habe ich genug Geld.“, warf sie ihrer Mutter an den Kopf. Da mischte sich ihr Vater ein: „Sei nicht so gemein zu deiner Mutter.“

Lilli lief raus zu dem Pferd und knallte die Tür hinter sich zu. „Du bist soooooo süß. Dich kann man doch nicht einfach schlachten. Naja, ich geh dann mal zurück, gute Nacht.“, flüstert sie dem Pony zu. Am nächsten Morgen gegen sieben Uhr lief sie wieder zu dem Pony. „Heute ist dein letzter Tag.“, schluchzte sie mit nassen Augen. Plötzlich kam auch schon Timo mit dem Hänger. „STOP!“, rief Lili und rannte vor das Auto. Timo machte das Fenster runter und streckte den Kopf raus. „Geh weg, ich will mein Pony abholen!“, schrie er. „Und es dann schlachten!“, schrie Lilli zurück. „Es nützt eh nichts mehr.“, widerspricht Timo. „Dann kauf ich es eben.“, erwidert Lilli. „Du willst es haben? Wenn ich von dir mehr als vom Schlachter bekomme, kannst du es haben.“, erklärte Timo. „Wie viel willst du?“, fragte sie. Timo verlangte 500 €. Lilli behauptete: „Okay, morgen bekommst du das Geld.“

Jetzt ist Lilli erst mal überglücklich, dass sie das Pony fürs Erste retten konnte. Doch wo sollte sie das Geld herbekommen? Da kam ihr eine Idee: Mama sagt doch immer, dass sie so gut singen kann. Sie könnte doch vor Leuten singen. Und 400 € hat sie schon gespart. Also sang Lilli den ganzen Tag und die ganze Nacht.

Die Leute waren begeistert und wunderten sich, dass so ein kleines Mädchen schon so gut singen konnte. Sie fragten wofür sie das Geld braucht. Lilli erzählte ihnen die Geschichte von dem Pony, das geschlachtet werden sollte. Am Ende hatte Lilli die 100 € zusammen. Sie freute sich so sehr und stammelte nur ein „D..dan...danke!" Dann rannte sie nach Hause und legte sich ins Bett. Irgendwann schlief sie auch ein.

Am nächsten Morgen rannte sie zur Koppel. Da wartete auch schon Timo auf sie. „Es heißt Sissi.", sagte Timo. „Ah!", entgegnete Lilli und gab ihm die 500 €. „Okay, dann gehört sie jetzt dir.", erklärte Timo und drücke ihr das Pony in die Hand. „Danke.", nuschelte Lilli, doch da war Timo schon weg. Lilli trainierte viel mit ihr: Handstände, Saltos, das Stehen auf Sissi. Alles Mögliche und das alles im Galopp. Das hatte sie natürlich alles vor ihren Eltern verheimlicht. Doch als sie dann alles konnte, zeigte sie es ihnen. Ihre Eltern waren so überrascht, dass sie ihr erlaubten im Zirkus aufzutreten. Es kamen über 1000 Zuschauer. Die Vorführung war ein voller Erfolg. Lilli und Sissi waren unzertrennlich.

Das geflügelte Einhorn in Gefahr

Von Virginia, Florentina und Matthias

Es war einmal ein geflügeltes Einhorn friedlich grasend in seiner Herde. Als es plötzlich zu gewittern begann. Der Blitz traf die Mutter von dem geflügelten Einhorn. Die Mutter sprach: „Mein Sohn, geh in den Wald und such dir einen Besitzer. Er oder sie wird dich gut pflegen.“ Bevor das geflügelte Einhorn etwas sagen kann starb die Mutter. So ging es in den Wald und legte sich hin schlafen. Es dachte Menschen sind doch gefährlich warum sollte mich einer besitzen mich!!!

So schlief es mit den anderen Waldbewohnern. Als es am nächsten Morgen aufwachte, ging es los um einen Besitzer zu finden. Aber ein Mensch, ein böser Mensch fand das geflügelte Einhorn. Er wollte es fangen als ein Mädchen Namens Virginia ihn erwischte. Sie verteidigte das geflügelte Einhorn, in dem sie einen Karatetritt machte und der Mann verschwand. Das geflügelte Einhorn war sich sicher, das ist seine neue Besitzerin. Virginia fragte das geflügelte Einhorn: „Was machst du denn so allein im Wald?“ Das geflügelte Einhorn erzählte die ganze Geschichte und Virginia sagte mitfühlend: „Oh, du Armer du musst ja richtig traurig sein. Komm mit wir fliegen nach Hause aber nur wenn du willst?“ Das geflügelte Einhorn nickte und so wurden beide beste Freunde.

Virginias Eltern sind gestorben und so kümmert sie sich um alles. Das geflügelte Einhorn wurde gut gepflegt so wie es seine Mutter gesagt hat.

Anna und Tara müssen umziehen

Klarissa Jarjis

Anna und Tara wollen nicht umziehen sie meckerten den ganzen Tag und sagten: „Wir wollen hier bleiben.“ Die Eltern antworteten: „Wir müssen leider umziehen.“ Die beiden sind verzweifelt und traurig. Sie konnten die ganze Nacht nicht schlafen. Sie denken und denken dann hatte Tara eine Idee, sie sagte: „Wir können uns verstecken, so das Mama und Papa uns nicht finden.“ Dann antwortete Anna: „Und wir können unser Tablet mitnehmen.“

Und am nächsten Tag haben sie sich im Schrank versteckt. Die Eltern suchten die Kinder, sie riefen die Polizei an. Sie waren sehr besorgt.

Anna sagt: „Wollen wir wieder raus?“ Tara antwortet: „Erst wenn die Polizei weg geht.“ Anna ist traurig. Nach 5 Stunden haben die beiden Angst bekommen und wollen wieder zu ihren Eltern. Anna und Tara kamen wieder raus und haben sich bei allen entschuldigt. Die Eltern waren wieder froh aber die Mädchen bekamen einen Monat Hausarrest.

Wenn sie nicht gestorben sind dann leben sie noch heute.

Das Pony ist Weg

Von Noémi Tribelhorn

Es war ein Pony Namens Mini. Mini war neu in Familie Müller. Aber aus der Familie mochte sie nur eine. Sie hieß Lisa, Mini hat sich immer gefreut wen sie kam. Eines Tages kam ein Räuber und hat sie aus dem Stahl verscheucht

Mini war weg, Lisa hat sie überall gesucht, aber nicht gefunden. Lisa hat sich sorgen gemacht und dachte, es wäre ihre Schuld. Aber es hat nicht gestimmt. Auf einmal kam Mini. Mini hatte aber Angst und ist wieder weggerannt. Lisa fängt an zu weinen. Und sagte: „Wieso muss das immer mir passieren?“ Lisas Mama kam und fragte: „Was ist los und wo ist Mini?“ Sie antwortet: „Das ist ja die Frage: Wieso ist Mini weg, wieso?!“

Die Mama rief laut: „Mini, Mini!“ Mini kam nicht. Sie haben überall gesucht aber nicht gefunden. Lisa und ihre Mama liefen an einer alten Scheune lang. Auf einmal kam Mini. Lisa war so froh.

Lisa meinte aber das Mini wieder abhauen würde, wenn die wieder zum Stall zurückgehen. Sie sind gelaufen und waren am Stall. Aber es hat geklappt. Mini ist im Stall und ist glücklich und zufrieden.

Im Zeltlager

Leoni Vatanyutaweewat

Ein Brief lag mitten im Sommer im Briefkasten. Am Nachmittag holte Mama ihn raus, als sie wieder rein kam sagte sie: „Post für dich, Frida“. Ich nahm mir den Brief und ging in mein Zimmer. Im Nachbarzimmer tobten meine Brüder. Langsam öffnete ich ihn und ich las:

„Liebe Frida,

in den Ferien bin ich mit ein paar Kindern im Zeltlager und du kannst deshalb nicht zu mir kommen, aber wenn du möchtest darfst du mit ins Zeltlager. Ich würde mich sehr freuen!

Alles liebe, Tante Tanja!“

Frida liebte ihre Tante, denn sie war großzügig und abenteuerlustig. Ich musste unbedingt Mama fragen. Ich stürmte aus meinem Zimmer und kaum war ich in der Küche sagte ich: „Mama ich will unbedingt mit in Tante Tanjas Zeltlager“. „Wie kommst du denn darauf?“ „Ich habe es in Tante Tanjas Brief gelesen.“, antwortete ich, da meldet sich Ben zu Wort, er meinte: „Das ist gemein! Frida darf ins Zeltlager und wir müssen zu Hause bleiben!" „Genau!", schrie Lukas: „Das ist unfair!" „Nun macht aber mal 'nen Punkt", ermahnte Mama. „Es steht doch nicht mal fest ob Frida darf! O.K.?" Ich stöhnte: „Darf ich etwa doch nicht ins Zeltlager?" „Doch, doch okay aber nur wenn du Ben und Lukas mitnimmst." Ich war so erstaunt und sauer auf Mama das mir glatt der Mund offen stehen blieb. Ich schrie wütend: „Was? Meine Brüder, die kleinen Zwerge die sich von Tag bis Nacht an mich klammern? Ich sag nur eins vergiss es!" Mama brüllt zurück: „Dann ist dein Urlaub wohl geplatzt! Gehe sofort in dein Zimmer!

Ich knallte meine Zimmertür zu. Ich schnappte mir mein Handy und rief Marie an. Nach dem schönen Telefonat ging ich runter und entschuldigte mich bei Mama und meinen Brüdern und ich meinte: „Von mir aus nehme ich Ben und Lukas mit." Lukas und Ben riefen wie aus einem Mund: „Yeah! Yippie!!!" Ich sage beruhigend: „Wenn ich euch mitnehmen soll müsst ihr aber leise sein." Ihre Stimmen verstummen sofort. Ich sprach in die Stille hinein: "Ich schreibe Tante Tanja jetzt das wir kommen!" Mama sagte: „Ach so und Tante Tanja hat mir eben geschrieben das sie euch abholt."

Auf einmal knackte das Schloss und Papa kam rein, er murmelte: „Hallo Sabrina, Frida, Ben und Lukas!“ Ben und Lukas umarmten ihn und flüsterten ihm ins Ohr, dass sie mit mir ins Zeltlager fahren. Papa sah traurig aus, das fiel Mama auf. Sie wendete sich an Papa: „Tom was ist denn?“ Eine Weile schwieg er doch schließlich erwiderte er: „Ich wollte eigentlich mit euch Camping Urlaub machen.“ Ben und Lukas waren natürlich sofort Feuer und Flamme: „Jaaa Camping!“ riefen sie. Von Minute zu Minute besserte sich meine Laune, aber als Mama sagte, dass ich ohne Ben und Lukas ins Zeltlager durfte, war es der absolute Höhepunkt, aber da wusste ich ja auch noch nicht, dass ich ein spannendes Abenteuer erleben werde. Ich sagte zu Mama: „Ich schreibe Frida das ich komme!“

Ich schrieb:

„Liebe Tante Tanja,

ich komme mit dem Reisebus und freue mich schon aufs Zeltlager. LG Frida!

PS: Wo ist das Zeltlager?“

Ein paar Stunden später kam ein Anruf es war Mamas Freundin Juliane, nach dem die beiden sich ausgequatscht hatten meinte sie: „Komm Beeilung, sonst verpassen wir den Bus." Ein paar Minuten später waren wir da und ich wollte es nicht richtig glauben, aber meine beste Freundin Fenja saß in der ersten Reihe des Busses. Sie sprang von ihrem Sitz und rannte zu mir.

Ich stammelte: „Du hier? Oder bist du eine Fata Morgana?" Fenja lachte: „Hallo erst mal! Oh ja stimmt." „Hallo Fenja! Wir sollten als erstes schnell in den Bus steigen" Wir wollten Mama noch winken aber sie war weg. Stimmt ja! Mamas, Papas, Bens und Lukas Bus fährt ja schon in 3 Minuten. Aber als Fenja und ich gerade in den Bus steigen wollten schimpfte Fenja: „Mist, der Bus ist ohne uns los gefahren was machen wir jetzt?" Ich schluckte und sagte: „Oh nein was machen wir den jetzt? Wir können nicht laufen!" Da hatte Fenja eine Idee: „Lass uns deine Tante anrufen! Ich hab zwar kein Handy aber du hast doch eins!"

„Stimmt!", rief ich. Doch als ich mein Handy auspackte fiel mir ein, dass ich mein Ladekabel vergessen hatte und mein Akku leer war! Na super! Tante Tanja anrufen können wir schon mal vergessen! „Hallöchen!" ertönte plötzlich eine Stimme, die mir sehr bekannt vorkam: „Ich dachte mir, dass ich euch doch abhole, denn ich habe mir schon irgendwie gedacht, dass da etwas schief läuft!" Ich und Fenja drehten uns langsam um und schauten direkt in Tante Tanjas Gesicht. Sie fuhr uns zum Auto: „Kommt Kinder!" Nach einer vierstündigen Fahrt waren wir da.

Wir, also ich und Fenja schauten uns um. Wir liefen einen schmalen Waldweg entlang, es war Nachmittag und es war Punkt fünf Uhr. Die Gruppenleiterin sagte: „Jetzt, wo ihr alle da seid, können wir ja picknicken gehen." Nach dem Picknick hielten wir eine kurze Lagebesprechung und wir sollten in Zelte eingeteilt werden. In den Zelten war es schön kühl, wir packten aus und als wir rauskamen, war es dunkel. Schließlich war es schon halb sieben, wir saßen am Feuer und erzählten uns Geschichten.

Das Bosatier und die verschwundenen Schuhe

Von Arvid Kiehl

Kapitel 1

Es war eine kalte, wolkenlose Nacht und der Mond schien hell am Himmel. Es war fast Vollmond und es war bitterkalt. Etwas Großes schlich leise durch das Unterholz am Fluss. Immer wieder war ein leises Knacken zu hören. Ein Wesen blieb stehen und schaute über den Zaun zu einem Haus. Es war ein schönes Haus, ein Einfamilienhaus.

Aus dem Haus waren verschiedene Stimmen zu hören, Kinder und Erwachsene und Licht brannte im Wohnbereich. Das Wesen schlich sich immer näher und näher an das Haus und schnappte sich das nächstbeste Paar Schuhe, das auf der Terrasse stand.

Kapitel 2

Das Bosatier war gemütlich und freundlich. Für gewöhnlich saß er an seinem Fensterplatz in der Küche und schaute durch das Fenster auf die Straße. Unten führte die Hauptstraße des Ortes Nebrak entlang und Boston (so der

Name des Bosatiers), das Bosatier liebt es, den Verkehr zu beobachten. Hinter der Straße gab es eine Böschung. Wenn man nicht aufpasste, passierte es hin und wieder, dass man in den kleinen Fluss, der sich dahinter befand, rutschte. Es war wirklich immer was los und es wurde nie langweilig. Besonders toll fand das Bosatier, wenn Kinder auf der Straße waren, oder aber die großen Autos vorbeifuhren, wie Pickups mit den mächtigen Ladeflächen. Wenn das Bosatier nicht am Fenster auf seinem Beobachtungsposten war, war er genau hier draußen unterwegs und schaute nach dem Rechten.

Das Bosatier hatte weiß-goldenes Fell und bernsteinfarbene Augen und war von beachtlicher Statur. Seine Gegner fürchteten seine langen Krallen und spitzen Reißzähne, denn sie ahnten nicht, dass er ein friedliches und sehr freundliches Gemüt hatte. Am allerliebsten mochte das Bosatier die täglichen Treffen mit Socki. Socki war sein Kumpel, mit dem er fast täglich Abenteuer erlebte. Sie erforschten zusammen allerlei Keller, Schlupflöcher und Spielwiesen und beobachteten andere Tiere und Menschen.

Als das Bosatier neulich die Straße gemütlich entlangtapste, hörte er plötzlich eine ziemlich laute Diskussion, die ihn aufhorchen ließ: „Hast du gehört, bei Meyers sind die Turnschuhe von der Terrasse verschwunden!“ Und die Bäckereiverkäuferin Silvia sagte: „ja stimmt, Sven hatte sich dieses unverschämt teure Paar von seinem eigenen Taschengeld gekauft und nun sind diese verschwunden.“ „Aber ich habe gehört, dass bei Günthers sogar zwei Paar Arbeitsschuhe von Vater Wolfgang weggekommen sind!“. Empörung machte sich breit.

Am nächsten Tag beim Vorbeilaufen seiner Nachbarin, hörte er: „die Zeitung der Schmidts wurde schon vier Tage hintereinander aus dem Briefkasten genommen“. Ein Anruf bei der Vertriebsstelle der NEUEN NEBRAKER NACHRICHTEN ergab, dass diese immer zugestellt wurde. „Gibt es doch gar nicht“, erboste sich Vater Heiko. „Jetzt haben schon diese Lausebengel den vierten Tag hintereinander diese Zeitung gestohlen“. „Das machen die Bengel doch nur, um uns zu ärgern“, sagte Mutter Monique.

Kapitel 3

Das Bosatier wunderte sich über diese Aussagen. Verschwundene Schuhe? Geklaute Zeitungen? Hier? Als das Bosatier am frühen Morgen am Fenster saß, hatte er diese Worte noch im Kopf. Boston sah schon seit mehreren Nächten auf der Straße Merkwürdiges, manchmal huschte ein langer dünner Schatten die Straße entlang. Und hin und wieder hielt der Schatten an. Diese Situation war nun besonders, denn er dachte, dass dieser Schatten genau mit dem verschwundenen Gegenständen zu tun hatte.

Er grübelte und musste unbedingt mit seinem besten Freund Socki sprechen. Beide beschlossen, dem „Etwas“ nachzugehen. Als sie mal wieder gemeinsam auf einem warmen Sonnenschein am Fluss in den Gräsern lagen, erkannten sie, dass in der Sonne etwas funkelte. Sie schlichen sich mit leisen Samtpfoten an – und trauten ihren Augen nicht. Unten am Fluss saß ein. Ja was?

Ein Wesen, länger als ein Mensch, die Haut silbern grünlich, wie aus Leder. Es saß in der Sonne und las eine Zeitung! Das Bosatier wollte noch ein kleines Stück näher dran, doch dann knackte ein morscher Stock unter seinem Gewicht und das Geräusch verschreckte das sonderbare Wesen. Socki und Bosatier schauten sich verwundert an.

Kapitel 4

Es vergingen wieder 2 Tage. Das Bosatier war auf Futtersuche und da...da war es...er sah das Wesen, wie es ganz schnell die Straße hinunterrannte. Boston zögerte nicht und sprang mit einem Riesensatz auf die Ladefläche eines vorbeifahrenden Pickups. Er verfolgte den Schatten und sein Nackenfell stand ihm vor Angst zu Berge. Was sollte er tun – wie sollte er das Wesen festhalten? Sollte er warten, bis er ihn auf frischer Tat erwischte oder ihn einfach anfallen? Während er noch überlegte, blieb der Pickup an der Ampel stehen. Es war Rot. Im Kopf tickte die Uhr, sein Puls beschleunigte sich...und genau jetzt war der Moment gekommen.

Er sprang von der Ladefläche hinunter direkt in den Nacken des Wesens. „Autsch" oder nein, nicht autsch. Was war das? Er landete auf etwas sehr Weichem, was nachgab. Das Wesen fiepte auf „huiiiuuu" und schlug mit seinen vier armen nach dem Bosatier. Das Wesen schnappte sich das Bosatier, welches ihm in den Nacken gesprungen war und hielt es mit seinen vier Armen zappelnd vor sich weg. „Was zum Himmel bist du für ein Ding?“, schrie das Bosatier. Longi (so war der Name des Wesens) grinste und bestaunte das wild zappelnde Bosatier. In dem Moment entdeckte das Bosatier ein paar Sportschuhe, ein paar Ballerina und zwei Paar Arbeitsschuhe an den acht Beinen des Wesens. Longi schrie vor Überraschung auf und ließ das Bosatier fallen. Nun standen sie sich gegenüber und schauten sich gegenseitig sehr neugierig an und wussten nicht so recht, ob sie kämpfen oder wegrennen sollten. Was war das? Ein langes dünnes Wesen mit einem unvorstellbar großen Kopf, zwei Fühlern und einem großen breiten Mund. Doch es lächelte! Es hatte nur ein Auge, welches freundlich himmelblau das Bosatier begutachtete.

Die 4 Arme stemmte es in die schmale Hüfte und die 8 Beine wuselten unruhig wie Tentakel hin und her. „Ich bin Longi“, stellte er sich vor. Eigentlich wohne ich auf einem anderen Planeten, dem Krawtz und ich habe einen Urlaub auf dem Planeten Erde gebucht. Meine 22 Koffer sind nicht mehr transportiert worden oder bei der Anreise in Lichtgeschwindigkeit an einer Galaxieampel abhandengekommen. Man hat mir gesagt, ich treffe hier noch drei Andere meiner Art und wir ziehen noch weiter im Sonnensystem. Aber wir sollten meine Sachen finden. Ihr auf der Erde habt es furchtbar kühl. Meine Füße ertragen die Kälte nicht."

Beim Bosatier fiel der Groschen. Longi sprach unterdessen weiter: „Deswegen habe ich vier Paar Schuhe gesucht. Ihr Menschen seid so freundlich und habt diese immer für mich vor die Tür gestellt." „Nein, nein, das stimmt nicht", sagte das Bosatier. „Nur weil sie vor der Tür stehen, darfst du sie den anderen nicht einfach wegnehmen! Das machen die Menschen so. Ich gebe zu, es ist eine lustige Eigenart, aber diese waren nicht für dich bestimmt!" Longi legt seine große Stirn in Falten und sagt: „ich habe schon seit Tagen einen Bärenhunger von der Reise." Das Bosatier überlegt und zieht die Schnurrhaare hoch: „darf ich eine Runde Katzenfutter ausgeben?" Longi sagt: „ich esse viel lieber intergalaktische Burger, aber ich würde sagen, es kommt auf einen Versuch drauf an."

Und so kam es, dass der lange dünne Longi, der wirklich von bemerkenswerter Statur war und der große kräftige Kater, zusammen in die gemütliche Wohnung gingen, um dort das Katzenfutter zu verspeisen. Bosatier fragte: „Warum machst du Urlaub auf der Erde?“ und Longi antwortet: „ich wollte mal einen kälteren Planeten besuchen, denn auf meinem Heimatplaneten sind es mindestens 50 Grad. Immer! Es gibt keine Jahreszeiten wie bei Euch. Das habe ich in der Schule bei uns gelernt.“ Das Bosatier schaute sich Longi an und wunderte sich über so einiges, beide mussten lachen.

Kapitel 5

Es war nicht zu fassen. Da liefen nun Boston, Socki und Longi und zwei seiner Artgenossen zum Stadtpark. Diese sahen lustigerweise anders aus als Longi, einer schon fast wie ein Mensch. Wenn er nicht die 4 Augen hätte. Im Park gab es einen hohen Aussichtsturm aus Holz. Longi meinte, das ist die Abholstelle um weiterzufliegen. Die gesammelten Ausgaben der NEUEN NEBRAKER Nachrichten hatte Longi unter einem seiner Arme gepackt. Die nahm er mit, als Andenken und um den anderen auf seinem Planeten zu zeigen, wie die Menschen aussehen. Die Schuhe durfte er nicht mitnehmen, das Bosatier hatte darauf bestanden, dass er diese in einer Nacht und

Nebelaktion heimlich dem jeweiligen Besitzer zurückbrachte. Es war sehr schade, dass sie nur diesen einen Nachmittag vor der Weiterreise gemeinsam hatten. Longi hat jedoch versprochen, beim nächsten Besuch länger zu bleiben und dann auch mit Gepäck.

Goldenes Diebesgut

Von Lea Wirthgen und Fiona Schild

Max 9 Jahre, geht regelmäßig zum Fußballtraining. Sophie 2 1/2 Jahre, ist ein Fan von Max Fußballverein. Lara die jüngste und nervigste Schwester ist 2 Monate alt. Max gähnt. „Oh, Mama ich muss heute früh ins Bett. Morgen ist das Pokalfinale und ich muss fit sein. Gute Nacht!“ Eine von Max kleinen Schwestern sagt: “Du dest da don in Bett! Dute Nacht!“ Max kleine Schwester kann noch nicht so gut sprechen, er versteht sie kaum. Als Max im Bett liegt, denkt er noch lange über morgen nach. Max schläft erst spät ein, obwohl er früh ins Bett gegangen ist. Am nächsten Morgen bekommt er von seiner jüngeren Schwester Sophie einen nassen Waschlappen ins Gesicht.

Max wacht auf. „Brrr, ist das kalt“, schimpft er. „Mama! Wieviel Uhr ist es?“ „8:15 Komm her ich habe dir eine Brezel mit Butter besorgt. Ich war schnell beim Bäcker um die Ecke. Ich wollte dir eigentlich eine Käsestange mitbringen, aber es gab nur Schinkenstangen!“ „Danke Mama ich mag auch viel lieber Butterbrezel.“ „Super!“ 10 Minuten später ist Max fertig. „Ich muss noch alles für Lara einpacken.“ „Mama und ich müssen noch meine Sachen für den Fußball packen.“ sagte Max. Wenig später sitzen Max Mutter, Max, Sophie und Lara im Zug nach Bern. Auf halber Strecke pinkelt Sophie sich in die Hosen, weil Max ihr ein paar Witze erzählt.

Vor allen Menschen in ihrem Abteil muss Max Mutter Sophie die Hose wechseln. Als sie endlich ankommen, regnet es sehr stark und es ist sehr kalt. Es dauert eine Weile bis sie ihr Hotel finden. Leider ist die Halle von Turnern belegt und das Spiel muss draußen stattfinden. Da die Kälte nicht geplant war, hat Max Mutter keine Jacken eingepackt. „Mist, warum habe ich keine Jacken eingepackt! Ach, was soll´s, dann können wir vielleicht auch für Sophie und Lara Jacken kaufen.“ Als die Jacken ausgesucht und gekauft sind, fahren sie zum

Fußballstadion. Die anderen sind schon angezogen und warten auf Max. „Da bist du ja, jetzt musst du dich aber beeilen mit dem Umziehen“, sagt sein Trainer. Nach 10 Minuten ist Max fertig. Sie spielen sich noch kurz ein. Max spielt als 1. Sturmspitze. Er ist hochbegabt für Freistöße aller Art. Jetzt ist Anpfiff für das Spiel gegen den VFB ihren Erzfeind. Max feuert sich an: „Du schaffst das!“ Er erobert sich gleich den Ball. Er schlägt eine Flanke in den Strafraum zu seinem Teamkollegen, der den Ball ins linke obere Eck schießt. Der Torwart macht sich lang, länger und lenkt den Ball geschickt über das Tor. Die Ecke soll Max schießen und zwar soll er ihn direkt verwandeln. Das versucht er auch. Aber es gelingt dem Torhüter den Ball weg zu fausten.

Der VFB Stürmer bekommt den Ball und nimmt ihn direkt mit der Brust an. Dann stürmt er auf das Tor von Max Verein. Die Mitspieler von Max kommen nicht hinterher. Die Abwehr kann ihn auch nicht anhalten. Jetzt muss er nur noch den Torwart bezwingen. Er schießt den Ball mit voller Wucht in das rechte untere Eck. Der Torwart hat keine Chance. Der Schiri pfeift zur Halbzeit.

Der Trainer meckert: „Mann, warum habt ihr die Abwehr im Stich gelassen, dass gilt besonders für den Sturm. Konzentriert Euch!“ In der 2.Halbzeit haben Max und seine Freunde Anstoß. Das 2. Tor fällt für den VFB mit einer Ecke. Ein VFB Spieler wird gefoult. Der Freistoß wird verwandelt zum 3:0 für den VFB. In den letzten 10 Minuten geht es sehr schnell. Max stürmt mit dem Ball zur Mittellinie, dann spielt er ab. Er rennt ohne Ball in den Strafraum. Als er wieder angespielt wird, schießt er aus der Bewegung. Der Ball fliegt und trifft genau in den Winkel.

3:1! Gleich nach dem Anstoß holt sich ein Teamkollege von Max den Ball. Also läuft Max wieder in den Strafraum. Sein Teamkollege kann nicht zu ihm passen, denn Max wird von einem Gegenspieler gedeckt. Max Mitspieler hat keine andere Wahl, als direkt zu schießen. Er trifft genau ins linke untere Eck. Der Torwart bekommt den hart geschossenen Ball nicht. Das war das 3:2! Gleich nach dem Anstoß gelingt es Max den Ball zu erobern. Er spielt einen Doppelpass mit seinem Teamkollegen. Max rennt mit dem Ball am Fuß auf das Tor zu und zieht voll ab. Der Ball trifft den Torwart voll in den Bauch und fliegt mit ihm ins Netz. Das war das 3:3! Max Team muss nur noch ein Tor schießen, dann haben sie den Pokal in der Tasche. Jetzt wird der Anstoß ausgeführt. Einer aus Max Abwehr schnappt sich den Ball. Er macht einen seiner langen knallharten Sprints und zieht an allen Gegenspielern vorbei. Dann passt er zu Max, der platziert den Ball in die Ecke schießt. Der Ball ist unhaltbar. „Tooooor!“ 4:3.

Dann pfeift der Schiedsrichter ab. Das Spiel ist vorbei. Max Mannschaft ist so glücklich, dass sie gewonnen haben. Jeder bekommt zur Belohnung eine kostenlose Bratwurst und ein Getränk nach Wahl. Da kommt Max Mutter. „Super gemacht Max! Du hast 2 Tore geschossen!“ „Danke Mama“.

In diesem Moment fängt der Stadionsprecher an zu reden: „Liebe Spieler, liebe Gäste! Leider muss ich ihnen mittteilen, dass der goldene Pokal gestohlen wurde. Wir haben ihn extra in einem Tresor verwahrt, damit er nicht gestohlen wird. Und was passiert? Der Pokal wird gestohlen. Wir haben ihn mit 6 Codes gesichert. Die Diebe haben keinerlei Spuren hinterlassen. Noch nicht ein einziges Mal wurde ein Pokal gestohlen.“ Max geht in die Sprecherkabine, nimmt sich das Mikrofon und sagt: „Meine Teamkollegen und ich übernehmen den Fall. Oder Jungs?“ „Jaaaa!“rufen die Jungs.

Nachdem sie sich umgezogen haben, begeben sich die Jungs auf die Suche. Sie suchen im Klo, in der Umkleide, in der Sprecherkabine und obwohl sie nicht dürfen in der Kabine des VFB. Da fällt Max ein, dass der Sprecher komisch in sich hineingelacht hat, nachdem er gesprochen hat.

Max und seine Freunde erstellen eine Verdächtigen-Liste:

Name	**Platz**	**Wegen / Grund**
Sprecher	Hauptverdächtiger	innerliches Lächeln
VFB	2. Verdächtiger	Verbot in die Umkleide zu gehen

Erst verfolgen sie den VFB und bekommen heraus, dass auch sie den Pokal suchen. Weiter geht es mit dem Sprecher. Bei Ihm sehen sie wie er etwas Goldenes im Inneren seines

Technikkoffers für das Mikrofon versteckt. Dann nimmt der Sprecher den Technikkoffer und verschwindet. Die Kinder rennen ihm hinterher. Doch er ist schneller. In einer Sackgasse umzingeln Max und seine Freunde den Mann. Max schleicht sich von hinten an und reißt ihm den Koffer aus der Hand. In der Zeit ruft ein Teamkollege mit seinem Handy die Polizei, die dann auch mit Blaulicht und Martinshorn kommt. Der Mann versucht zu fliehen, wird aber von den Polizisten aufgehalten und abgeführt. Die Jungs fragen: „Herr Polizist, wir wissen den Weg zurück zum Fußballplatz nicht mehr, können Sie uns mitnehmen?“ „Ja, gerne Jungs! Steigt ein, aber ihr müsst mir alles erzählen, versprochen!“

Also berichten die Jungs den Polizisten wie der Sprecher nach dem Spiel seine Rede hält und dabei komisch in sich hinein lacht. Sie glauben er wusste die Codes und hat deswegen den Pokal gestohlen. „So Jungs, wir sind da! Tschüss, wir werden den Sprecher vernehmen, versprochen!“ Max und sein Team feiern anschließend bei Bratwurst und Limonade ihren Sieg.

Der Schrecken beim Verstecken

Von Timon Sachse

In einer verfallenen Schlossruine, tief im dunklen Wald im Moor, lebte Huibuh, das schreckliche Schlossgespenst. Heute, an einem besonders schönen nebeligen Tag, erwartete Huibuh Besuch von seinen Freunden, den Wuselgrusels. Sie wollten zusammen schaurig schönes Verstecken im Moor spielen. Und dort gab es wirklich wunderbare Verstecke. Eines der Wuselgrusels musste suchen und der Rest der Freunde konnte mit dem Verstecken beginnen.

Die einen versteckten sich hinter stacheligen Büschen, andere in dunklen, matschigen Erdlöchern und manche sogar im blubbernden Moor. Huibuh fand eine Höhle in einem abgestorbenen Baumstamm. Er schwebte zur dunkelsten Stelle des Lochs und setzte sich. Er freute sich schon, dass ihn hier bestimmt niemand so schnell finden würde. Während draußen das Wuselgrusel suchte und schon so manchen entdeckte, schaute Huibuh sich im dunklen Inneren um.

Als er nach oben guckte, blickten ihn zwei schreckliche, rotschimmernde Augen an. Das

Gespenst erschreckte sich so sehr vor den finstern Blicken, dass es mit einem Husch aus der Baumhöhle heraus war und dem gerade suchenden Wuselgrusel in die Arme hüpfte. „Huhaaaa...., da da ist ein Un.. ein Ungeheuer in der Baumhöhle", zitterte Huibuh und zeigte zum zerfallenen Baum. Da kamen schnell alle Wuselgrusels zusammen und schauten vorsichtig und auch etwas ängstlich zur dunklen Öffnung.

Da tauchten plötzlich die roten Augen auf!

Das Ungeheuer kam heraus. Doch nur eine kleine pelzige Fledermaus kam herausgeflogen. Erst war es ganz stille unter den Freunden und dann mussten alle laut los prusten. Auch Huibuh musste mit lachen. Da hatte doch eine kleine Fledermaus dem Schlossgespenst das Fürchten gelehrt. Noch auf dem Heimweg mussten die Wuselgrusels darüber schmunzeln und lachen. Und Huibuh, das schreckliche Schlossgespenst, auch wenn er sich heute noch verstecken sollte, schaut immer noch vorsichtig in dunkle Ecken. Es könnte sich ja etwas Gruseliges darin verstecken.

Der entscheidende Elfmeter

Von Antonia Langner

Ein Mädchen namens Luna liebt das Fußballspielen. Sie spielt in einem Verein, doch ihr Bruder ärgert sie ständig. Diesmal noch mehr. „Fußball ist nur etwas für Jungs“, sagt er immer wieder. Luna findet das ungerechnet und sagt:“ Mädchen können genauso gut Fußball spielen!“. Aber Ihr Bruder lacht sie aus: „Mädchen sollen besser als Jungs sein, wenn das so wäre, wäre ich der Kaiser von China!“ Luna sagt voller Übermut: “Ich bin bestimmt auch besser als du!“ Ihr Bruder lacht: „Das können wir ja gern testen. Morgen Mittag am Wald.“ Sie übten noch den ganzen Mittag. Jeder hatte als Mannschaft, die Jungs bzw. Mädchen aus der jeweiligen Klasse. Als mittags alle da waren, entschieden sie, wer Schiedsrichter sein soll. Luna bestimmt, dass Lisa Schiedsrichter ist. Ihr Bruder meint: „Das wird euch auch nicht helfen“ und stimmt zu. Dann fing das Spiel an. In der fünften Minute schießt das Team ihres Bruders ein Tor. Luna ärgert sich sehr darüber, denn ihr Bruder provoziert sie und ruft: „Ihr habt keine Chance, wollt ihr nicht gleich aufgeben?“. Luna ruft: „Jetzt erst recht nicht. Los Mädels – wir schaffen das!“ Als Luna den Ball bekam, rannte sie auf das Tor zu und schoss. Doch der Ball flog gegen den Pfosten. „So ein Pech“, dachte sich Luna und schon war ihr Bruder da und holt sich den Ball. Und schießt im Gegenzug ein Tor! 2:0, das sieht nicht gut aus. Zum Glück pfeift Lisa in diesem Augenblick zur Halbzeit.

Schon kurz nachdem die zweite Halbzeit begonnen hatte, schoss Anja ein Tor. Die Mädchen jubelten und waren nun noch motivierter die Jungs zu besiegen. Eine ganze Zeit lang passierte nichts, doch dann in der 83. Minute schoss das Team von Luna noch ein weiteres Tor. „Es steht 2:2“ ruft Lisa. In der 85. Minute bekommt Lisas Bruder einen Freistoß aus 20 Meter Entfernung. Zum Glück fliegt der Ball weit über das Tor hinweg! Lisa pfeift das Spiel ab und sagt:“ Es steht unentschieden, keiner ist besser als der andere“.

Lisas Bruder ruft: „Elfmeterschießen!“ „Ok, entscheiden wir es so“, erwidert Luna. Als erstes ist Luna dran, doch der gegnerische Torwart hält den Ball. Danach schießt ihr Bruder. Zum Glück trifft er nur das Außennetz.

Bald darauf steht es 6:6. Wenn nun eine der Mannschaften nicht trifft, gewinnt das andere

Team. Luna ist dran, sie legt sich den Ball zurecht und konzentriert sich. „Ich schaffe das“ sagt sie sich immer und immer wieder. Sie rennt zum Ball und schießt. Der Ball fliegt und landet mit einem Rums in der linken Ecke! „Ja!!!“ ruft Luna. Sie ist erleichtert. Nun liegt der ganze Druck auf Lunas Bruder. Er weiß, wenn er nicht trifft, verliert sein Team gegen die Mädchen, welche eine Schmach das wäre! Er läuft an, doch er trifft den Ball nicht richtig und schießt den Ball über das Tor hinaus. Die Mädchen jubeln, Luna kann es kaum glauben: Sie haben gewonnen. Enttäuscht wollen die Jungs das Spielfeld verlassen, als Luna ruft: “Kommt, wir gehen alle ein Eis essen!“. Und kurz danach war die Niederlage der Jungs vergessen und alle essen genüsslich ihr Eis.

Radtour ins Glück

Von Johanna Heyden

Es war einmal ein Teddy-Bär namens Brummel. Er hatte einen Freund namens Pummel. Pummel war eine kleine Hummel. Die beiden saßen wie jeden Morgen im Spielzeugladen

Ollis-Wunder-Welt. Beide hatten immer das gleiche Ziel: ein kleines Mädchen finden, was sie versorgte und lieb hatte...

Die beiden wussten, dass Tiere, die zu lange im Laden bleiben, entsorgt wurden. Genau nach einem halben Jahr. Beide waren jetzt schon ein halbes Jahr in Ollis-Wunder-Welt, deshalb mussten sie so schnell wie möglich weg. Am nächsten Morgen sagte Brummel zu Pummel: „Ich habe ein kleines altes Fahrrad gefunden!" „Ja und?", fragte Pummel. „Na, damit können wir wegfahren." „Stimmt!!!", die Hummel bekam ganz große Augen. „Aber wir brauchen auch Helme, um uns zu schützen!" sagte Pummel. Anschließend fragte sie besorgt: „kennst Du überhaupt die Verkehrsschilder?" „Nein", sagte Brummel. „Und wir müssen erst mal das Fahrrad prüfen!", sagte Pummel. „Wieso prüfen?", fragte Brummel. „Na, wenn das Fahrrad kaputt ist, könnten wir einen Unfall bauen", sagte Pummel. Darüber hatte sich Brummel noch gar keine Gedanken gemacht. „Komm mal mit", schrie Pummel auf einmal. Sie flog voraus zu Mr. Ted. Brummel folgte ihr. Mr. Ted war ein sehr alter weiser Teddy.

Er durfte nur so lange in Ollis-Wunder-Welt bleiben, weil der Lieblings-Teddy des Ladenbesitzers Olli war. „Er kann uns helfen“, sagte Pummel. „Wobei kann ich euch helfen?“, fragte Mr. Ted mit einer ruhigen Stimme. „Wir müssen die Vorfahrtsregeln kennenlernen!“, sagte Pummel. „So, so“, sagte er, „die Vorfahrtsregeln! Wieso denn?“ „Na, weil wir mit dem Fahrrad zu unserer neuen Besitzerin fahren wollen“, rief Brummel. „Aha“, brummte Mr. Ted. „Also, helfen Sie uns oder nicht?“, murmelte Pummel ungeduldig. „Ja, natürlich“, sagte Mr. Ted lachend. „Also, ihr müsst erst einmal den Sattel prüfen. Und dann die Klingel am Lenker testen. Und wenn an dem Fahrrad ein Dynamo dran ist, den Dynamo testen.“ „Puh, ist das viel!“, sagte Brummel. „Und das mit der Vorfahrt ist so...“, sagte Mr. Ted und erklärte ihnen alle Schilder und Ampeln.

Am nächsten Morgen testeten alle zusammen das Fahrrad. „Alles okay“, sagten Pummel und Brummel glücklich, „es kann losgehen!“. „Eins noch!“, rief Mr. Ted. „Passt auf die anderen Verkehrsteilnehmer auf. Also die Fußgänger und die Autos.“ Danach fuhren sie los.

Als erstes ging es am Park vorbei, dann weiter an der Straße. Schließlich kamen sie an eine Kreuzung. Sie mussten ziemlich aufpassen. Auf einmal stürzte Pummel vom Fahrrad. „Hilfe!“, schrie sie. „Warte, ich halte an! Hast Du dich verletzt?“, fragte Brummel. „Nein, zum Glück nicht!“, antwortete Pummel. „Gut, dass wir die Helme angezogen haben“, sagte Brummel. Dann ging es auch schon weiter. „Ich passe jetzt besser auf“, sagte Pummel noch etwas erschrocken.

Nun bogen sie ab in die Straße, wo vielleicht ein Kind wohnte. Tatsächlich! Auf einmal war da ein kleines Mädchen, das Springseil hüpfte. „Da!“, schrien Brummel und Pummel. „Das ist ein Mädchen! Unser Mädchen!“ „Mama, Mama, das ist ein total süßer Teddy-Bär auf einem Fahrrad!“, schrie das Mädchen und lief ins Haus. „Komm, wir müssen sie verfolgen!!!“, rief Brummel. Sie fuhren noch schneller. Innerhalb von 30 Sekunden standen sie vor der Tür des Mädchens. „FAMILIE PENTER“ stand in großen Buchstaben auf der Klingel. Darunter stand in kleineren Buchstaben: Vater Sven, Mutter Susanne & Tochter Jule. „Jule!“, sagte Brummel. Komm, lass uns klingeln!“, rief Pummel. „Ding, Dang, Dong.“ Aus dem Haus kam eine süße kleine Kinderstimme, die sagte: „vielleicht ist das ja der Teddybär, Mama!“

Und schon öffnete das Kind die Tür. „Na, wer seid ihr denn?“, fragte Jule. Brummel hatte einen Zettel auf dem Schoß, den hatte er schon im Spielzeugladen geschrieben. Jule nahm den Zettel und las ihn laut vor:

„Ich bin Brummel und das ist mein Freund Pummel. Wir suchen eine neue Freundin und möchten gerne bei Dir bleiben“.

„Aha!“, sagte sie und nahm den Teddy, die Hummel und das Mini-Fahrrad auf den Arm und ging mit ihnen ins Zimmer. „Oh ja, euch behalte ich sehr gerne!“, sagte sie stolz und legte Brummel und Pummel in ihr Bett. Am nächsten Tag machten Jule und ihre Eltern einen Fahrradausflug. Jule nahm Pummel und Brummel in den Arm und setzte die beiden in den Korb vorne am Fahrrad. Der Ausflug war wunderschön, so wie alles, was die drei Freunde miteinander machten!

Bitte leise!

Von Philip Singer

Es war einmal im Frühling in der Selzerbachschule in Klein- Karben. Klein- Karben ist eine kleine Stadt in der Nähe von Frankfurt. Die Selzerbachschule besteht aus drei Gebäuden, da sie nach und nach erweitert wurde. Die Schüler gehen gerne in diese Schule. Der Pausenhof ist riesig, es gibt einen Kletterturm, einen Fuhrpark zum Ausleihen und einen Bolzplatz.

In der Grundschule war es sehr laut. Nein - nicht in der ganzen Schule. Nur in einer bestimmten Klasse. Der Klasse der 4c. Dort war es sehr sehr laut. Der große Klassensprecher Philip und die etwas kleine Klassensprecherin Anna wollten, dass es leise ist und dass sich alle auf ihren Platz setzten. Aber es war immer noch sehr laut und die nette Lehrerin Frau Stark war immer noch nicht da.

Dann sagte der dunkelblonde Klassensprecher Philip: "Seid doch mal leiser!" Die braunäugige Klassensprecherin Anna war seiner Meinung. Es wurde geschrien, flinke Papierflieger wurden fix gefaltet und es wurde im bunten Klassenzimmer getobt. Leise wurde es jedoch nicht. "Wer jetzt nicht leise ist, den schreibe ich an die Tafel!", ruft auf einmal der Klassensprecher laut in die Klasse. Er wurde wirklich sehr sauer. Die zierliche Klassensprecherin Anna schlug die Triangel damit die Kinder auf dieses hohe Signal hin leiser werden. Dadurch wurde es tatsächlich kurz leise, nur dann wieder lauter und sogar noch lauter als vorher. Der coole Klassensprecher Philip nahm die weiße Kreide in die rechte Hand und ging zur grünen Tafel. Langsam fängt er an zu schreiben. Der erste Buchstabe ist ein R. Daraus wurde Robert, der Dicke. Der zweite Name beginnt mit einem L. Es war Luis, der Drahtige. Darauf folgten Mario, der Große und den Lautesten: Mesut. Dann kam die Lehrerin Frau Stark und der Klassensprecher Philip und die Klassensprecherin Anna erzählten ihr alles.

Nachdem sie alles ausführlich erzählt hatten, wurde mit der Deutschstunde angefangen. Nach Deutsch hatte die Klasse 4c Musik und nach Mathe Schule aus. Der nächste Morgen war sonnig und die Klasse 4c fing zur 2. Stunde an. Alle kamen also gegen 8 Uhr 40 zur Schule. Zuerst hatten sie Deutsch. Die Klassensprecherin Anna und der Klassensprecher

Philip gingen wieder vor zur großen Tafel, da Frau Stark zum Unterrichtsbeginn um 8 Uhr 45 noch nicht da war. Heute war es leise. Sehr leise. Robert, Luis, Mario und Mesut, die üblichen Schreier, waren leise. Das lag daran, dass die clevere Lehrerin gesagt hat: "Wenn ihr so weiter macht, dann kriegt ihr eine 6 in Deutsch und müsst die 4. Klasse wiederholen." Das wollten sie natürlich nicht.

Am nächsten Tag hatte die Klasse 4c nur zwei Stunden Mathe, Musik und Kunst. Das bedeutet, dass sie nicht die Deutschlehrerin Frau Stark hatten. Deshalb waren sie wieder laut. Die beiden Klassensprecher sind also wieder nach vorne gegangen. Philip nimmt heute die rote Kreide und stellte sich an die Tafel. Er schreibt Robert, Luis, Mario und Mesut an die karierte Tafel. Frau Stark kam und sie mussten nachsitzen. Zwei Schulstunden lang, also 1 Stunde und 30 Minuten.

Dann, drei Monate später, war es so weit: der letzte Schultag an dem die Zeugnisse verteilt wurden war gekommen. Der schlaue Klassensprecher Philip und die kluge Klassensprecherin Anna haben in jedem Fach eine 1. Robert und Luis haben Glück, dass sie die 4. Klassen nicht wiederholen müssen. Die beide hatten sich in der Zeit nach dem Nachsitzen sehr bemüht. Sie waren sehr fleißig und still und haben weder den Unterricht noch eine Stillarbeitszeit gestört. Zudem waren sie auch in den Pausen sehr hilfsbereit gegenüber ihren Mitschülern. Mario und Mesut aber müssen die 4. Klassen nochmal besuchen. Sie hatten ihr Verhalten nicht verändert.

Philip und Anna sind gemeinsam in die 5cG gekommen. Beide wollten wieder Klassensprecher werden. Philip und Anna haben mit vielen Stimmen gewonnen. Auch in ihrer neuen Klasse wollten sie, dass es leise ist. Wenn eine Lehrerin oder ein Lehrer zu spät kam, hat er mindestens 1 Schüler an die Tafel geschrieben. Manchmal war es Robert und manchmal Luis. Die waren am lautesten. Robert musste sogar in den Trainingsraum der Schule. Dort musste er sein Verhalten beschreiben und sich selbst kritisieren. Die Mädchen waren lieb und haben sich normal unterhalten.

Sie waren ein gutes Beispiel für den Rest der Klasse, die im Gesamten ruhiger und aufmerksamer wurde. Einer der Schüler musste die 5. wiederholen. Robert hatte zu oft den Unterricht gestört, musste in den Trainingsraum und hat dadurch den Stoff nicht verstanden. Seine Noten wurden immer schlechter. Mario und Mesut hatten die 4. geschafft und waren dann mit Robert in einer Klasse. Die drei Schreifreunde waren wieder vereint.

Das Missverständnis

von Merle Führ

Es waren einmal zwei beste Freundinnen namens Lilly und Sophie. Sie waren unzertrennlich und kannten sich schon seit dem Kindergarten. Lilly und Sophie gingen beide auf die Falkensteiner-Schule und waren in der 7b. Ihre Klasse war sehr verrückt, manche waren eher schüchtern und hielten sich zurück. Manche waren sehr vorlaut und wollten sich groß aufspielen.

Lilly und Sophie gehörten zu den Schüchternen, bekamen aber meist gute Noten. Ihre Klassenlehrerin bat um Ruhe. Sie wollte den neuen Jungen vorstellen. Er kam aus Neuseeland und hieß Kevin. Er setzte sich neben Leon, holte seine Sachen raus und war still. Alle starten ihn für einen Moment an, wanden sich dann wieder dem Unterricht zu, nur Lilly nicht. Sie musste immer wieder zu Kevin hinüber schauen und verpasste den ganzen Unterricht. Nach zwei Stunden klingelte es zur Pause. Als Sophie Lilly von ihrem Wochenende in Berlin erzählte, hörte Lilly überhaupt nicht zu, sondern beobachtete Kevin und die anderen Jungs. Als Sophie es bemerkte, fragte sie was los wäre. „Sophie, ich glaube, ich bin in Kevin verknallt!“, sprach Lilly aufgeregt. Sophie sagte verständnisvoll: „Das ist doch gar nicht schlimm! Wenn man verknallt ist, ist man doch glücklich und deswegen gehen wir morgen shoppen.“ Lilly war einverstanden. Dann klingelte es wieder. Alle gingen rein. Um 14:00 Uhr war die Schule aus. Lilly und Sophie gingen zusammen nach Hause. Eine Stunde später klingelte es an Sophies Tür.

Kevin war da. Er fragte, ob sie zusammen Rollschuh fahren gehen wollten. Sophie wusste erst nicht ganz, ob sie mitgehen sollte, weil Lilly in ihn verknallt war. Aber was ist bei einer Rollschuhfahrt schon dabei? Einen Schlüssel in die Jacken Tasche stecken, die Tür zu machen und dann gingen sie zur Rollschuhbahn. Als Lilly aus dem Zimmerfenster schaute und Sophie mit Kevin sah, hat sie sich schrecklich gefüllt. Sie musste fürchterlich weinen und hatte die restliche Woche krank gespielt. Sophie wusste dass es gespielt war, aber warum sie das machte wusste sie nicht. Nach ein paar Tagen ging sie wieder in die Schule, aber mit Sophie redete sie trotzdem nicht. Sie fragte ihre Lehrerin, ob sie ihren Platz wechseln dürfe. Aber sie hatte es nicht erlaubt. Darum kehrte sie Sophie den Rücken zu und setzte sich in den Pausen immer ganz weit weg.

Sophie und Lilly redeten lang kein einziges Wort mehr miteinander. Wochen vergingen und es waren bald Ferien. Jeder in ihrer Klasse und in der gesamten Schule freute sich und hatte gute Laune. Nur Sophie und Lilly nicht. Obwohl nach einer Stunde endlich Ferien waren, kam kein Lächeln heraus, wenn sie sich gegenüber standen.

Drei, zwei, eins, endlich Schule aus und Ferien! Auf dem nachhause Weg lief Sophie auf der einen und Lilly auf der anderen Straßenseite. Tage und Wochen vergingen und sie hatten sich nicht einmal getroffen oder sind zu dem anderen gegangen um zu reden. Weder Lilly noch Sophie hatten das Haus verlassen oder wagte den ersten Schritt zu machen. Beide Elternteile machten sich sehr große Sorgen um ihre Töchter. Denn sie wussten nicht was passiert ist. Lilly und Sophie verlieren kein Wort darüber was geschehen ist oder über den anderen.

Es war nur noch eine Woche vor Schulbeginn. Und Lilly ging rüber zu Sophies Haus. Es machte Sophies Mutter Elena die Tür auf. „Ist Sophie da?“, fragte Lilly. Elena nickte und rief Sophie aus ihrem Zimmer runter zur Haustür. Lilly sagte stürmisch: „Wieso hast du das nur gemacht? Immerhin wusstest du, dass ich in Kevin verknallt bin und dann gehst du auch noch mit ihm irgendwo hin und hast noch nicht mal den Mut dazu, es mir ins Gesicht zu sagen. Ich dachte wir wären Freundinnen. Und wenn du auch in Kevin verknallt bist, ist das doch völlig okay! Dann macht keiner etwas mit ihm. Aber du hättest es mir wenigstens sagen sollen!“

Sophie wusste für kurze Zeit nicht, was sie sagen sollte. Aber dann sprach sie: „Ich habe es dir nicht sagen wollen, weil ich genau wusste, dass du so reagieren würdest. Wir waren nur Rollschuh fahren. Außerdem hat er mich nur eingeladen um zu fragen, was du sehr magst und ob du ihn gern hast, weil er dich sehr sehr gerne hat und nicht mich! Und ich bin nicht in Kevin verknallt! Aber ich hätte es dir sagen sollen!“

Lilly sprang Sophie in die Arme und drückte sie ganz fest an sich und sie entschuldigten sich gegenseitig und versprachen, dass niemals, wirklich niemals wieder ein Junge zwischen sie kommen würde. Die restliche Woche verbrachten sie nur noch miteinander. Sie gingen auf den Rummel, einen ganzen Tag shoppen, übernachteten und lachten unheimlich viel.

Am Montag als die Schule wieder anfing, gingen Lilly und Sophie wieder zusammen zur Schule. Als die beiden Kevin sahen, stupste Sophie Lilly zu Kevin und zwar so, dass sie gegen ihn gekommen ist. Lilly entschuldigte sich bei Kevin. Kevin sagt: „Ist nicht schlimm!“ „Es tut mir auch für mein Verhalten leid! Ich hatte etwas vermutet, was nicht stimmte und diese Sache machte mich wütend. Aber Sophie hat mir alles wieder erklärt! Sie hat mir auch gesagt, dass du mich magst und ich mag dich auch! Ich hoffe sehr wir können uns mal treffen.“, sprach Lilly aufgeregt. Kevin war voller Freude und sagte: „Ja, super, liebend gerne! Ich sag dir noch wann und wo, ist das okay?“

Lilly nickte. Sie ging zurück zu Sophie und war über glücklich.

Nach ein paar Wochen waren Kevin und Lilly ein Paar geworden. Am Dienstag gingen sie für ihre Eltern einkaufen. Lilly redete sehr viel von Kevin und was sie die letzten Wochen alles gemacht hatten. Das nervte etwas, aber Sophie nahm es Lilly gar nicht böse, denn sie redet auch sehr viel über ihren Freund Leon. Leon ist der beste Freund von Kevin. Deshalb trafen sich alle vier sehr oft. Sie hatten sich sehr gerne und dann sind sie zusammen gekommen. Und so waren sie am Ende wieder beste Freundinnen und alles war wieder gut.

Der nicht erwähnte Zwilling

Von Alexander Ludczak

Es sind zwei Zwillinge, die sich nicht kennen. Der eine Zwilling lebt beim Vater und heißt Emma. Der andere Zwilling lebt bei der Mutter und heißt Emmeli.

Doch an einem Tag trifft sich die Familie an einem Strand. Aber sie wissen nicht, wer das ist und laufen weiter. Aber am nächsten Tag treffen sie sich im Zoo. Emma fragt ihren Vater: „Warum sehen ich und das Mädchen so gleich aus?“ Der Vater sagt ihr: „Es gibt etwas, was ich dir nicht sagen darf, aber du bist schon 14 und ich glaube du solltest es erfahren. Dieses Mädchen ist deine Zwillingsschwester.“ „Und du hast mir die ganze Zeit nichts gesagt! Ich fass es nicht.“

Emma rennt weinend aus dem Zoo, da kommt ein Streuner. Emma fragt ihren Vater, ob sie ihn behalten darf. Der Vater erwidert: „Ja.“ Aber dann kommt Emmelie und fragt: „Was war denn gerade“ Emma antwortet: „Mein Vater hat mir gesagt, dass wir Zwillinge sind.“ Emmelie sagt: „Ok“. Nun fragen beide ob sie wieder zusammen sind. Und die Eltern sagen ja.

Liesel, die Gangster-Omi

Von Vita Bubenzer

Es war Sommer: Am Badesee herrscht Hochstimmung. Zoe und ihre Freundinnen Fenja, Paulina und Jessie haben endlich Sommerferien und zur Krönung dürfen alle eine Woche lang am See zelten. „Das wir die beste Woche aller Zeiten“, ruft Zoe und stürzt sich ins Wasser. Am Abend wird Stockbrot gemacht und gegrillt. „Was macht ihr eigentlich den Rest der Ferien“ fragte Fenja beim Abendessen. „Ich fahre ins Hockey Camp“, meint Zoe „und ich fahre mit meinen Eltern nach Australien“, ruft Paulina begeistert in die kleine Runde. „Ich bleibe zu Hause“, meckerte Jessie. „Und Fenja fährst du auch weg?“, fragte Zoe interessiert „Ach ich mach gar nichts“, seufzte sie. „Was ist denn los du klingst so traurig“, fragte Paulina „Ach nichts“, antwortet Fenja. „aaAAh“, Zoe gähnte „kommt Leute gehen wir ins Bett“, meinte sie.

Mitten in der Nacht hörte Jessie ein leises schluchzen, da sie mit Fenja in einem Zelt schlief, war unüberhörbar, dass es von Fenja kam. „Was ist denn los“, fragte sie. Inzwischen waren auch die anderen Mädchen im Zelteingang aufgetaucht. „Meine Katze, sie kommt seit 3 Wochen nicht mehr wieder nach Hause“, schluchzte sie „Aber warum sagst du denn nichts?“, fragte Zoe. „Ach weißt du, meine Mama sagt, das passiert mal. Mein Papa will mir nicht helfen. Niemand interessiert es, dass sie nicht mehr nach Hause kommt und ich dachte, euch auch nicht“, sie schüttelte ihnen das Herz aus. „Aber so etwas würden wir doch niemals tun“, tröstete sie Paulina. „Ich weiß, aber auch ich war einfach so enttäuscht von meinen Eltern“, seufzte sie. Weißt du was, wir helfen dir“, sagte Jessie entschlossen „Ab jetzt haben wir einen Fall“, rief sie.

Am nächsten Tag saßen Fenjas Freundinnen alle schon an der Feuerstelle. Jessie machte Spiegeleier, Paulina packte einen Rucksack mit allem was man für eine Verbrecherjagd braucht und Zoe joggte um die beiden herum. „Ah, da ist ja schon unsere Fenja“, rief Paulina Zoe. Sie war die Sportlichste und dehnte sich gerade. „Also folgender Plan: Zoe wird jetzt die 5 km zurück joggen und alle aus der Nachbarschaft befragen.“ „Wir werden uns Gedanken machen, wo du deine Katze zuletzt gesehen hast. Was dir aufgefallen ist und sowas halt. Jessie fährt mit ihrem Fahrrad 10 km weit nach Frankfurt und wird dort beim Tierschutz anmelden, das deine Katze nicht mehr nach Hause kommt. Aber du wirst jetzt erstmal frühstücken.“ „Also dann mal los“, rief Zoe und lief los.

Eine halbe Stunde später saßen Paulina und Fenja am See und überlegten „Also meine Katze habe ich zum letzten Mal vor 3 Wochen gesehen, das war zu Hause an einem Freitag, sie sah irgendwie komisch aus, ihr Fell war verstrubelt, als hätte die jemanden gejagt. Mama hat gesagt, am Wochenende gucken wir mal, aber am nächsten Tag war sie nicht mehr da“, meinte Fenja. „Daraus haben wir einen Hinweis, wahrscheinlich wurde deine Katze gejagt“, sagte Paulina. 2 Stunden später, als Paulina und Fenja ja schon im See badeten, kam Jessie zurück: „Also der Tierschutz meint, dass sie sehr viele Meldungen von vermissten Katzen bekommen“, rief sie.

„Warten wir erst mal auf Zoe“, meinte Paulina. „OK“, sagt Fenja. Das dauert auch nicht lange. Eine dreiviertel Stunde später berichtete Zoe: „Also keiner aus der Nachbarschaft hat die Katze gesehen, allerdings hat die Studentin über dir eine Katzenhaarallergie, der Mann neben dir ist schon seit 4 Wochen im Urlaub und die Omi Liesel ist sehr verdächtig, sie hat 3 Tüten Katzenfutter in ihre Wohnung geschleppt, also würde ich sie beobachten", schlug Zoe vor. „Dann machen wir morgen einen Ausflug nach Hause", rief Paulina.

Am nächsten Tag wurden sie mit dem Auto abgeholt, da sie nur ein Fahrrad hatten. Als sie vor dem Mehrfamilienhaus in dem Fenja wohnte angekommen waren, klingelten sie gleich bei Hildegart Liesel. Eine dumpfe Stimme kam aus dem Lautsprecher: „Hallo wer ist da?" „Hier sind Paulina, Jessie, Fenja und Zoe. Wir haben ein paar Fragen an Sie.", antwortete Zoe. „Aha", rief die Frauenstimme mit einem lauten Ton, drückte Paulina die Tür auf und sie liefen zu Oma Liesels Wohnung.

Als alle gemütlich auf der Couch saßen, fing Zoe an Fragen zu stellen „Haben sie eigentlich Haustiere?" „Auf gar keinem Fall, ich habe eine Hundehaarallergie." antwortete Liesel „Und warum haben sie dann neulich Katzenfutter in ihre Wohnung geschleppt?", löcherte Zoe die alte Frau. „Das geht euch gar nichts an", erwiderte sie. Zoe stellte noch ein paar Fragen zu der Persönlichkeit der Frau und dann gingen sie auch schon wieder „Die war vielleicht schlecht gelaunt“, meinte Paulina auf dem Rückweg.

Beim gemeinsamen Baden hat Zoe eine Idee. Gemeinsam hecken sie einen Plan aus „Jetzt steht unser Plan“, jubelte Jessie 30 Minuten später. „Also nochmal zusammengefasst: Zoe, Jessie und ich werden heute Nacht einen kleinen Ausflug zu mir nach Hause machen. Du natürlich, aber Paulina bleibt hier, denn auf das Fahrrad passen nur 2 drauf und Zoe ist die einzige die diesen Weg im Jogg-Tempo ohne Pause hinter sich bringt. Aber dafür kriegst du das Handy, weil du alleine bist. Ich muss mit, weil ich mich erstens gut im Haus auskenne und zweitens meine Katze auch Jessie gehört. Über Walkie-Talkies bleiben wir in Verbindung“.

Viele Stunden später stehen sie in der dunklen Gasse. In Liesels Zimmer brennt noch Licht plötzlich geht es aus „Habt ihr das gesehen?“, flüsterte Jessie ängstlich. Auf einmal ging das Licht im Treppenhaus an. „Schnell verstecken wir uns. Das heißt, dass sie gleich rauskommt!“, zischte Zoe. Schnell versteckten sich die drei hinter einem Auto. Liesel kam aus dem Haus. „Was hat die denn da in der Hand? Das sind ja Transporter für Katzen. Das ist ja Samsung! Ich erkenne meine Katze überall, denn sie hat Bernstein farbendes Fell und einen schwarzen Schwanz.“, wisperte Fenja „Auf drei mach wir einen Überraschungsangriff.“, schlug Zoe vor. *„1, 2, 3, -Los!“* Sie stürzten sich auf Frau Liesel „Was machen sie mit Samsung?“, brüllte Fenja „Was? Das sind meine Katzen!“, keifte Liesel. „Ja, das können Sie ja gleich der Polizei erzählen!“, rief Jessie. „Nein, keine Polizei! Ich wollte doch nichts Böses tun! Du kannst deine Katze wiederhaben.“ „Warum haben sie die Katzen eigentlich gestohlen?“, fragte Fenja. „Weil ich das Geld brauchte. Ich wollte die Katzen an einen Tierhändler verkaufen. Aber sagt bitte nichts der Polizei, nehmt die Katzen und lasst mich gehen.“, bettelte sie. „Auf gar keinen Fall, du Diebin“, sagte Zoe „Jessie, ruf Paulina und sag ihr, dass wir die Polizei brauchen. Fenja, hilf mir Liesel festzuhalten“. So gab sie Kommandos.

Inzwischen klingelte bei Paulina das Walkie-Talkie „Paulina, hier ist Jessie, wir brauchen dringend die Polizei!“ Paulina hörte die Stimme ihrer Freundin. Dann war es still, Paulina war gerade an der Hauptstraße angekommen. Als sich alles erledigt hatte und die Polizei alarmiert war, ging sie Richtung Fenjas Zuhause.

Da hörte sie eine Sirene. Es war die Polizei. Paulina winkte und durfte im echten Polizeiwagen mitfahren, dann ging alles ganz schnell. Als die Polizei mit quietschenden Reifen anhielt sprangen die Polizisten aus dem Wagen. Erst nahmen sie Liesel die Kisten weg, als nächstes befragten sie alle und dann wurde Liesel mitgenommen, davor bekam Fenja natürlich ihre Katze zurück. Alle freuten sich und die Liesel ist den Mädchen egal. Hauptsache, Fenja hat ihre Katze wieder.

Stella und ihr Hund

Von Lucya Reith

Es sind Sommerferien und Stella spielt auf der Wiese. Ihr goldbraunes Haar leuchtet in der Sonne. Ihr Hund Paul läuft auf sie zu. Er hat ein Ball im Maul. Sie wirft den Ball und Paul rennt hinterher. „Paul, komm zurück!“, ruft sie. „Wuff!“, hört sie noch, dann rennt sie los. Stella rennt so schnell, dass sie gegen einen Ast rennt. Jetzt liegt sie bewusstlos am Boden. Da kommt Paul zurück und brachte sie in eine Höhle. Später wachte sie auf. Er brachte ihr

Trauben und Bananen. Stella aß die Trauben und die Bananen auf und trank aus einer Schüssel Wasser und die beiden beschlossen für immer dort zu bleiben. Das Leben in der Höhle ist schön.

Die Gespensterjäger

Von Julian Hahn & Manuel Hofmann

Leo war ein kleiner, 8-jähriger Junge. Er wohnte in einer kleinen Wohnung mit seinen Eltern und seiner großen Schwester Emeli. Leo hatte große Angst vor dem Keller, weil es da so dunkel war. Eines Morgens sagte seine Mutter: „Leo, hol mir bitte eine Flasche Orangensaft." Leo sagte: „Ich habe doch so Angst vor dem Keller." Leo ging aber doch in den Keller und holte schnell zwei Flaschen Orangensaft. Leo suchte nach einem Lichtschalter und er fand einen. Er schaltete das Licht ein. Doch dann zersprang die Lampe „Pfffffff!!!!" Leo sprang zurück. Er rannte zurück in die Küche und er stellte fest, dass seine Schwester verschwunden war! Leo rannte durch das ganze Haus, aber er fand sie nicht! Leo konnte seine Eltern auch nicht finden! Der Junge riet, dass es bald Nacht wurde. Er ging noch einmal in den Keller. Es war der einzige Ort, wo er noch nicht gewesen war. Er war im Keller und er sah ein weißes Schimmern aus der Ecke.

Doch plötzlich kam ein Gespenst auf ihn zu. Er packte ihn und sagte: „Wenn du deine Eltern und deine Schwester wieder haben willst, musst du mich erst vertreiben!“ Das Gespenst ließ ihn los und verschwand. Der Junge ging wieder nach oben und dachte nach. Er rief seine Oma an und fragte sie, ob sie ihm helfen kann. Oma sagte: „Ja.“ Oma meinte, er soll das Gespenst mit einer Wasserpistole abschießen. Gespenster haben Angst vor Wasser.

Leo geht mit einer Wasserpistole in den Keller und er fordert das Gespenst zu einem Duell heraus. Das Gespenst kommt raus und Leo schießt es ab und das Gespenst flieht und er hat seine Familie wieder.

Verdrehte Welt

Von Tim Böttcher

Die Geschichte spielt vor sechs Jahren in Monte Carlo.

Also: Lara war 15 Jahre alt und ging in die Klasse 3c, denn sie blieb sechsmal sitzen. Ihr Lehrer hieß Herr Groß. Es war Montag und Lara musste in die Schule. „Also Lara, wir haben ein neues Thema: Ernährung. Was ist gesund für den Körper?" „Pizza, Lasagne…" „Also Italienische Küche?" „Wieso sollte ich Italienische Küche essen?" „Ich meine alles, was aus Italien stammt." „Pizza kommt aus dem Supermarkt!" „Hol bitte deine Mathesachen raus. Es gibt vier Treppen mit je 20 Stufen – Wie viele Treppenstufen muss ich gehen, um in den 4. Stock zu kommen?" „Alle"

„Das ist die erste richtige Aufgabe! Wir machen zur Abwechslung mal Deutsch."

„Ich finde Deutsch ist ein Idiot und Bio sein kleiner Bruder." „Ich habe eine Überraschung" „Schulfrei?" „Es geht eher in die andere Richtung" „Frei-Schul?" „Nein, ein Test in deinem schlechtesten Fach." „Deutsch, Mathe, Sachunterricht, Englisch, Bio, Musik?“ „Gesamtwissen.“

„Neeeeeeeeein!!!“

Nach dem Test: „Du bist durchgefallen. Zur Strafe musst du ein Gedicht aufsagen.“ „Spieglein, Spieglein im Regal – die Schule ist mir piep egal.“

Die unbekannte Insel

Von Tonia Grabovac

Vor langer Zeit gab es zwei Buben. Sie hießen Jan und Jens. Jens war der jüngere und er hatte Angst vorm Wasser. Aber Jan war mutig und hat entschieden, dass sie so schnell wie der Blitz auf dem Boot sein sollen. „Wir werden 11 Tage weg sein.“ Jens sagte erschrocken: „Wir werden doch nicht 11 Tage weg sein, und ich habe außerdem kein Bock ins Wasser zu fallen.“ Jan sagt: „Du hast doch nur Angst vorm Wasser und hast sogar Angst 11 Tage auf dem Schiff zu segeln.“

„Stimmt nicht!“, sagte Jens wütend. Da kam Jens Mutter, sie sagte: „Jens, du hast Jan zum Abendessen eingeladen.“ „Echt? Natürlich nicht!“ „Haha haha! Deine Mutter ist ja eine Kichererbse.“, sagte Jan. „Also wo wir schon beim Thema sind, in meinem Haus wurden die Fenster kaputtgeschlagen und ein paar Kleinigkeiten auch. Und deswegen hat deine Mutter gesagt, dass ich bei euch übernachten darf.“

Es war dunkel und Jens’ Eltern hockten vor dem Fernseher. Sie schauten fast zwei Stunden lang. Aber Jan hat sich rausgeschlichen, weil es ihm zu langweilig war. Jens hat Jan gehört, wie er auf das Schiff ging. Jens sagt ärgerlich: „Du schleichst dich aus dem Haus und willst abends weg segeln?!“ „Man, du siehst ja echt wütend aus. Jan mach mir nichts vor.“, sagte Jan grinsend. Jan schaute Jens an und dachte wie Jens mit ihm geredet hat. Denn das klang sehr unfreundlich. Jan stand ein paar Minuten vor Jens, dann packte er ihn und brachte ihn auf das Schiff. Jens hätte sich nie auf das Schiff schleppen lassen, aber er war zu müde, er konnte nicht mal mehr laufen.

Am Morgen segelten sie auf das offene Meer hinaus. Dem Jan hatte der kühle Wind ins Gesicht geweht, er fand das ziemlich entspannend. Jens war so ängstlich, das er das Segel nicht loslassen wollte. Jens sah aus der Ferne plötzlich Nebel. Er schrie: „Die Geister und die Vampire werden uns fangen und unser Blut aufsaugen!!" „Reg dich ab, das ist nur ein Nebel.", sagte Jan. „Du erschreckst dich zu schnell, auch wenn du Angst hat, musst du doch nicht über so fürchterliche Sachen reden." „Ehm... Ja, wer steuert das Schiff?", fragt Jens. Jan sagt: „Einen Moment." Er rannte so schnell er konnte zum Steuer. Jens rief: „Wir müssen aus dem Nebel raus! Und außerdem zieht ein Gewitter auf!" Aber Jan konnte Jens nicht hören, er hat nur den Donner gehört.

Eine Weile später fing es an zu schütten, aber da wurde Jan müde und schlief ein. Als es aufgehört hat zu schütten, waren sie auf einer unbekannten Insel. Sie konnten nicht wegsegeln, weil das Segel tausend Löcher hatte. Da erschrak Jens und brüllte ohne Ende: „Wir sind auf einer Insel! Hallooooo?" „Brüll doch nicht so. Uns hört so wie so niemand. Also bleib mal locker. Komm jetzt, wir suchen uns was zum Essen.", sagte Jan zu Jens und dann sind sie schon losgegangen. Als sie eine Ananas sahen guckte Jan auf das Haus, das direkt neben einer Mano war. Jens sagte ängstlich; „Da wohnt vielleicht jemand." Als Jens das gesagt hat, ging Jan zum Haus. Und eine Weile später kam eine Frau und frage sie: „Was habt ihr denn hier verloren?" Jens sagte: „Wir kommen von der Insel nicht weg." Da sagte die Frau: „Da hinten ist ein Fischerboot." Die beiden Jungs brüllten laut und das Boot kam näher und die Fischer nahmen sie mit. Als sie zu Hause waren schrie ihre Familie: „Sie sind wieder da!" Sie feierten ein Fest und waren glücklich.

Die rockende Prinzessin

Von Lillyana Reutzel

Tatjana war eine echte Prinzessin. Überall kannte man sie als Tatjana, die Musikalische. Und in der Tat spielte sie sehr gerne Musik. Sie hatte tolle Eltern, die sehr viel mit ihr verreisten. Als sie wieder einmal nach Hause kamen, sah sie wie die Diener noch einen Koffer mehr hastig ins Schloss trugen. Sie war natürlich gleich sehr neugierig, und lief den Dienern nach, bis sie zu dem Zimmer kamen, in das Tatjana schon die ganzen letzten zwei Wochen nicht rein durfte. Doch plötzlich stand ihr Vater vor ihr und sagte: „Hier darfst du nicht rein!“ „Wieso nicht?“, wollte Tatjana wissen. „Das geht dich nichts an!“, sagte ihr Vater nervös. Gemeinheit, dachte Tatjana so bei sich.

Doch endlich war er da, der Tag auf den sie schon so lange gewartet hatte: Ihr Geburtstag! Sie stellte sich natürlich vor, dass sie mehrere Poster und CDs von ihrer Lieblingsband „The 3 Kings“ kriegen würde. Doch das was ihr Vater ihr in Wirklichkeit schenkte, erstaunte sie dann doch. Als ihre Eltern mit den Geschenken kamen, saß sie gerade auf ihrem Bett und schaute sich Comics an. Die Diener schleppten einen großen Koffer herein. Irgendwie kam ihr dieser Koffer bekannt vor. Sie grübelte einen Moment lang.

Plötzlich erinnerte sie sich: Es war der Koffer, den die Diener so schnell ins Schloss geschafft hatten! Sofort war sie wieder total aufgeregt und konnte kaum abwarten zu erfahren was in dem Koffer war. Als ihre Eltern endlich sagten, dass sie ihre Geschenke auspacken darf, lief sie gleich zu dem Koffer. Sie öffnete den Koffer und konnte kaum ihren Augen trauen. Darin war eine rote E-Gitarre. Sie holte das Instrument heraus, schloss sie an und zupfte begeistert auf den Saiten herum. Sie hatte nur noch Augen und Ohren für ihre E-Gitarre. Bis ihre Eltern meinten, dass sie die anderen Geschenke nicht vergessen sollte. Also packte sie erst einmal die anderen Geschenke aus. Später fragten ihre Eltern sie, welches Geschenk ihr am besten gefallen hatte, und Tatjana antwortete fröhlich, dass es die E-Gitarre war. Einige Wochen vergingen, als sie morgens in der Zeitung las, dass ihre Lieblingsband „The 3 Kings" einen E-Gitarrenspieler oder Spielerin suchten. Sie überlegte sich, dass sie sich doch bewerben könnte. Sie fragte hoffnungsvoll ihre Eltern und glücklicherweise hatten diese auch nichts dagegen.

Also ging Tatjana leicht nervös am nächsten Tag zu dem Treffpunkt, der in der Zeitung gestanden hatte. Viele waren zum Vorspielen gekommen. Ob sie überhaupt eine Chance hatte? Als sie dann an der Reihe war, spielte sie alle Melodien und Texte die sie jemals gelernt hatte. Im Saal wurde es still. Sie spielte gut. Sie spielte sogar so gut, dass sie nachher tatsächlich genommen wurde. Die Bandmitglieder gratulierten Tatjana und teilten ihr auch gleich die Termine für die Proben mit. Ein großer Auftritt war auch schon in der Planung. Tatjana war so aufgeregt und konnte es noch gar nicht richtig glauben: Sie spielte ab jetzt mit ihrer Lieblingsgitarre bei ihrer absoluten Lieblingsband! Nun trafen sich alle regelmäßig und probten eifrig für den nächsten großen Auftritt. Von Treffen zu Treffen wurden sie besser. Tatjana spielte aber auch zu gerne mit den anderen! Dann kam der große Abend. Voller Lampenfieber stand sie hinter der Bühne. Sie war so aufgeregt als sie vor das Publikum trat, dass sie sich darüber Sorgen machte, von den Saiten abzurutschen. Aber als sie anfing zu spielen, verflog ihre Aufregung. Noch nie hatte Tatjana so viel Spaß gehabt! Sie freute sich riesig vor so vielen Leuten zu spielen. Sie rockte und die Menge jubelte und Tatjana fühlte sie glücklich.

Lustiges von Frederik und Gustav

Von Frederik Wagner

Ich komme morgens um 6:45 in die Schule und sehe da mitten vor dem Eingang einen kleinen Vampir. Der fragt mich: „Wie heißt du?“ Ich sage: „Ich heiße Frederik.“ Da fragt der Vampir: „Und in welche Klasse gehst du?“ Ich entgegne: „In die 3b“ Da ruft der kleine Vampir: „Juhu! Ich habe ihn gefunden!“ Ich frage: „Wie gefunden?“ Da rufe ich: „Stimmt ja, einer aus meiner Schule bekommt einen Vampir als Freund.“ Ich frage: „Wie heißt du?“ Er sagt: „Gustav.“ Ich und der kleine Vampir unterhalten uns noch 10 Minuten, danach versteckten wir uns und erschreckten Kinder und Lehrer und danach sagt Frederik: „Ich habe Gustav, den Vampir bekommen!“

Als es dann 8:00 Uhr ist, geht Frederik ins Klassenzimmer. Jetzt weiß Frederik warum er sich ihn ausgesucht hat, weil er in allen Fächern sehr gut ist. Wenn er eine Pause macht fällt es nicht auf, das Gustav es macht. (Das muss ich noch erklären: wenn Frederik eine Pause macht und der Vampir arbeitet dafür weiter. Alle anderen denken, dass Frederik arbeitet, weil der Vampir Frederiks Gestalt angenommen hat.) Und so geht es immer weiter, wenn sich Frederik ausruhen will, dann macht er das und der Vampir springt für ihn ein. Zum Beispiel: wenn Frederik von einem Schnelleren verfolgt wird und nicht mehr kann, dann springt Gustav ein und rennt weiter.

An einem Dienstag, sagt unsere Klassenlehrerin, dass eine Entscheidung für einen Leichtathletikwettkampf stattfindet. Es geht um 8 Runden Ausdauerlaufen und 50m Sprint. Alle jubeln. Ein paar Tage später rennt der Vampir für Frederik und gewinnt den Sprint und die 8 Runden laufen. Dadurch ist die Selzerbachschule auf dem 1. Platz. Frederik erhielt den Pokal, weil er am besten gelaufen sein soll. (Obwohl es der Vampir ist, der am besten gelaufen ist.) Natürlich gehört dem Vampir der Pokal, aber er schenkt ihn Frederik. „Sonst fliegt ja alles auf, das wäre doch schade, oder?“, fragt der Vampir. „Ja, das wäre wirklich schade.“, sagt Frederik. Deshalb gehört der Pokal ihm und sie gehen glücklich zur besten Eisdiele die es in der Stadt gibt. Gustav bestellt Haselnusseis und Nutella Eis und Frederik nimmt Erdbeereis und Maracujaeis.

Nach dem Essen gehen sie zu Frederik. Während sie nach Hause gehen, fängt es an zu schütten. Als sie zu Hause sind passiert zweierlei: 1. Sie ziehen sich um 2. Fängt es an zu Gewittern. Zuerst spielen sie Mühle und trinken heißen Kakao. Da sagt auf einmal der Vampir: „Du weißt hoffentlich, das ich nicht ewig bei dir bleibe, oder?“ „Doch das weiß ich…“, entgegnet Frederik. „Willst du jetzt schon gehen?“, fragt er niedergeschlagen. „Ja“, sagt Gustav. „OK.“, antwortet Frederik, „dann geh.“ Aber Gustav sagt: „Willst du mit mir noch deinen Lieblingsfilm schauen?“ Frederik antwortet: „Ja, ich will.“ Also schauen sie den Film und dann verabschieden sie sich voneinander. Frederik schenkt dem Vampir den Band seines Lieblingsfilms.

Der Triathlon

Von Alicia Lang

Ich war so aufgeregt auf dem Triathlon. Als er anfing dachte ich, ich werde es nicht ins Ziel schaffen, aber ich habe es doch geschafft. Die Geschichte erzähle ich euch jetzt. Wir waren angekommen und haben die Startnummer C320 gehabt und mein Fahrrad in die Wechselzone gestellt, ohne Mama und Papa! Dann sind wir zum Schwimmstart gegangen, aber ich musste noch warten, weil es unterschiedliche Startgruppen gibt.

Jetzt war ich dran, aber die Badekappe war kaputt und ich musste eine Neue haben. Kurz vor dem Start mussten wir ins Wasser. Das war so kalt, das ich wieder rauswollte. Ich war nur mit zwei Mädchen auf einer Bahn. Jetzt kam der Startschuss. So sollten wir 3 Bahnen schwimmen (100m) und ich wusste nicht den Weg! Aber vor mir war auch keiner. Nur hinter mir war ein Junge, der mich in der Kurve überholt hat. Beim Laufen (400m) habe ich ihn wieder überholt, kurz vorm Ziel hat er mich leider wieder überholt. Ich wurde zwar Letzter, aber ich war trotzdem froh, dass ich ins Ziel gekommen bin. Es war mir egal, dass ich Letzte wurde.

Ich bin verloren!

Von Noura Zakraoui

Hi, ich bin Hans!

Ich bin ein gelber Hund mit blauen Ohren. Ich wohne in einer Stadt namens Ahnoska. Aber ich bin kein Streuner, sondern ein Haushund. Die Familie Volker nahm mich auf als ich noch ein kleiner Welpe war. Mittlerweile bin ich 5 Menschenjahre alt. Bei der Familie Volker ist es immer schön. Na gut, fast immer. Bei der Familie Volker ist es besser als im Tierheim.

Ich wohne im 2. Stock bei Frau Volker. Dort habe ich ein Körbchen und Futter. Die Familie Volker ist eine 5-köpfige Familie. Dabei bin ich, Lena, Tim, Frau Volker und Herr Volker. Plötzlich klingelte es. Frau Volker macht die Tür auf. Ihre Freundin Lilly ist da. Sie erzählt, dass sie bei einem Wettbewerb gewonnen hatte. Als Gewinn gab es 5 Kreuzfahrttickets. Frau Volker und ihre Familie würden also auf die Reise gehen. Ich kam bellend in das Wohnzimmer. Frau Volker sah irgendwie traurig aus. Ich wusste, dass das kein gutes Zeichen war. (Ich dachte, dass ihr heiß ist. Also holte ich ihr ein Glaswasser.) Dann erklärte sie mir, dass ich eine Woche ins Tierheim musste. Das fand ich noch OK.

Also machten sich alle fertig. Dann ging es los. Sie brachten mich ins Tierheim. Leider kam ich in das Gehege mit Bobo. Bobo ist der schlimmste Hund der Welt. Er beißt, kratzt und beleidigt. 3 Tage vergingen und er verletzte mich die ganze Zeit. Als wir zum Bürsten geholt wurden, nutzte ich die Gelegenheit und sprang aus dem Fenster. Die Mitarbeiter versuchten mich zu fangen, aber ich entkam ihnen. Ich rannte auf einen Berg nahe am Wald. Doch dann kamen 4 Jungen. Irgendwann bemerkten sie mich und banden mich mit einem Strick an einen Baum. Sie schlugen auch mit Stöcken und lachten über mich. Hier verhungerte ich also. Langsam ging die Woche um.

Es wurde Ostern. Ich glaube Familie Volker sucht mich schon. Ich heulte so laut wie ich konnte, aber vergeblich. Irgendwann fand mich ein Junge namens Ketzu. Er nahm mich mit und er wohnte 3 Häuser neben den Volkers. Komisch das habe ich noch nicht gewusst. Er las meinen Namen am Halsband ab. Manchmal nennt er mich aber noch Vierbeiniges Osterei. Hier geht es mir sogar besser. Ich besuche die Volkers jeden Monat. Ich hoffe, dass ich noch mehr Abenteuer erleben werde.

Bis bald, euer Hans.

Wie schmeckt Möhrensuppe ohne Kartoffeln?

Von Jasmin Sedghi

Madeline ist eine Filly-Elfe, die gut kochen kann und heute will sie Möhrensuppe für alle Fillys kochen. Allerdings hat sie viel zu lange geschlafen und gespielt und jetzt fehlt ihr die Zeit. Für die Möhrensuppe braucht sie viele Möhren und 20 Kartoffeln, aber sie hat keine Kartoffeln mehr. Madeline will einkaufen gehen, aber es gibt in der Nähe keinen Einkaufsladen. Sie weiß, dass der nächste Einkaufsladen im Feenland ist. Um dahin zu kommen, muss sie zu den Einhörnern. Da kann sie nämlich schauen welcher Regenbogen ins Feenland führt und kann dann auf dem Regenbogen dort hin rutschen.

Ihre Mutter Ronja kommt zu Madeline und fragt: „Warum führst du Selbstgespräche?“ „Weil ich ein Problem habe“, antwortet Madeline. „Was für ein Problem?“, fragt die Mutter. „Mir fehlen die Kartoffeln für die Möhrensuppe“, erklärt Madeline. „Deshalb muss ich schnell ins Feenland um Kartoffeln einzukaufen.“ „Das dauert aber zweieinhalb Stunden bis du wieder da bist“, sagt Ronja, „dann wird es ja viel zu spät zum Essen.“ „Mach doch einfach Möhrensuppe ohne Kartoffeln“, rät ihre Mutter. „Nein, das geht nicht Mama, wie schmeckt denn Möhrensuppe ohne Kartoffeln! Außerdem habe ich Kochdienst und muss die Suppe kochen.“ „Dann hättest du eben viel früher mit dem Einkauf beginnen sollen“, entgegnet die Mama. Madeline packt ihre Tasche und geht zu den Einhörnern. Dort nimmt sie die Regenbogenrutsche Nr. 8 ins Feenland. Nachdem sie angekommen ist, geht sie sofort in den Einkaufsladen und kauft 20 Kartoffeln. Danach rutscht sie wieder nach Hause. Zu Hause angekommen, helfen ihr die anderen Fillys beim Kochen. Ronja schält die Kartoffeln, Sybill schält die Möhren und Patrick deckt den Tisch. Als die Suppe fertig ist, setzen sich alle an den Tisch und essen. Und weil es so gut geschmeckt hat, soll Madeline auch am nächsten Tag kochen. Dass gefällt ihr aber gar nicht.

Die Reise zum Mond

Von Henrik Schrage

Noch wusste Pinscher nicht, dass er zum Mond reisen sollte. Er saß in seinem Sessel und dachte über einen Beruf nach. Polizist, Notarzt, Industriekletterer, Feuerwehrmann? Welchen nahm er nur?

Da kam die Post. Werbung, Rechnungen und Berufsangebote. Er nahm den Brief der Angebote. Da fiel ihm ein vierter Brief auf. Er legte den anderen weg und besah sich dem Absender: Weltraumbahnhof Baikonur. Ihm blieb die Sprache weg. Sie wollten, dass er Astronaut wurde! Pinscher wählte sofort die Nummer, die auf dem Blatt angegeben war. Eine junge Frauenstimme meldete sich: „Priwjet!“ Pinscher, etwas dümmlich, fragte zurück: „W-Wie b-bitte?“ „Ach, sie sprechen Deutsch“, sagte die junge Frauenstimme. „Was ist ihr Anliegen?“ „Ich rufe an, weil ich gerade einen Brief von Ihnen erhalten habe. Sie wollen, dass ich Astronaut werde.“ „Stimmt, fliegen Sie nächste Woche nach Russland. Genauer Ort und Zeit wird Ihnen per Brief mitgeteilt.“

Nächste Woche, wie verabredet, traf Pinscher im Weltraumbahnhof ein. Er wurde bereits erwartet. Alle Trainer, Tester, Ärzte und Techniker standen an einem Eingang eines riesigen Gebäudes, in dem anscheinend trainiert, gebaut und geforscht wurde. In den nächsten Wochen wurde er nur ausgebildet, trainiert und unterrichtet. Pinscher konnte nämlich nur Deutsch. Kein Russisch oder Amerikanisch. Nach den Trainingsstunden wurde getestet, ob er sich gut mit anderen auf Russisch unterhalten konnte.

3 Jahre später:

Die Rakete war fertig, Pinscher ausgebildet und die Startrampe bereit. Sein Anzug war auf Maß gefertigt und getestet. Der große Moment kam. Die Rakete hob ab. Als sie aus der Erdatmosphäre waren, stellte Pinscher fest, dass er den Mond verfehlte. Er sendete einen

Funkspruch ab, doch die Rakete war außer Kontrolle. Zum Glück konnte er nun auf dem Mars landen. Er prallte auf der Oberfläche auf und war erst mal benommen. Als er zu sich kam, untersuchte er das Gestein. Er fand Spuren von Leben: Der Stein, den er in der Hand hatte, war gemeißelt. Ein paar Meter weiter fand er Wasser. Pinscher war außer sich. Er sendete einen Funkspruch: „Auf dem Mars gibt oder gab es Leben! Es gibt gemeißelte Steine und –Wasser!“ Die Nachricht ging um die Welt. Alle waren erstaunt. Das war ein totaler Fortschritt. Die Ingenieure bauten sofort eine zweite Rakete und einen Mars-Roboter.

Die Aktion startete: Pinscher sollte zurückgeholt werden. Als die Mission zum Mars aufbrach, waren alle Systeme von der Erde aus steuerbar. Pinscher hatte den Mars einmal umrundet. Als er die Rakete sah, machte er einen Luftsprung, was er bereute. Er hielt sich an der Rakete fest, denn er war beim Sprung einfach los gesegelt. Die Rakete landete und Pinscher stieg ein. Er steuerte sie sicher zur Erde, doch er fand die Stelle, wo er landen sollte, nicht. Endlich tauchte sie auf dem Monitor auf. Er landete und stieg aus. Es war ein tolles Gefühl, wieder festen Boden unter den Füßen zu haben. Als nächstes musste er untersucht werden, nach Krankheiten. Interviews waren auch noch da, aber das hatte Zeit. Pinscher war der Held des Tages. Niemand hatte den Mars bisher betreten. Als Pinscher seine Frau sah, fühlte er sich wieder zu Hause.

Wettkampf der Stärke

Von Lukas Wicht

Es waren mal zwei beste Freunde und ein Auto, das Tom hieß und ein Auto mit einem Kran oben drauf und das hieß Schippo. Eines Tages kam ein Brief wo *Einladung* drauf stand, sie öffneten es und darauf stand:

Einladung zum Wettkampf der Starken am Sonntag um 16:00 Uhr in Petterweiler Sportplatz. Der Preis ist 9.000 €

4 Tage später war Sonntag. Tom sagte dann plötzlich: „Hey Schippo, du wirst nie meine Sachen tragen". Weil es ist ja so, das Tom die Sachen zu Schippo bringt und Schippo sie dann hochträgt. Dann kam auf einmal der Startpfiff. Sie haben nicht erkannt, dass es der

Startpfiff war. Dann kam plötzlich ein ganz berühmter Filmstar der Hooc hieß und sagte: „Worauf wartet ihr, der Starpfiff war doch schon längst“ „Darf ich noch was zu Tom sagen, also könntest du bitte weg gehen?“ Dann sagte er: „Du blödes Auto. Du wirst noch nicht mal ein Blatt Papier aufheben können“ „Das werden wir dann mal sehen Schippo! Viel Glück beim Verlieren!“, sagte Tom.

Dann fing es an. Dann traf Tom Goofy und fragte: „Was machst du denn hier?“ Goofy sagte: „Ich arbeite hier also du muss Sachen sagen, die ich dir auf deinen Anhänger legen soll und du bringst sie zurück.“ Tom sagte: „Könntest du mir bitte 5 Baumstämme auf den Anhänger legen?“ „Natürlich dafür bin ich ja da.“ Er fuhr zu Schippo und sagte: „Siehst du, ich habe 5 Baustämme gebracht, das ist viel schwerer als ein Blatt.“ Schippo sagte: “Das sagt doch noch gar nichts.“ Dann hob Schippo alle 5 Baumstämme hoch. Dann holte er sich noch 52 Steine, die Schippo nur ganz bisschen hochtragen konnte, als sein Kran plötzlich oben abbricht. Tom hatte voll Pech, weil er seine 9.000 Euro für neue Teile von Schippos abgebrochenem Kran geben muss. Plötzlich sagte Schippo: „Hey Tom du bist ganz stark. Wir sind beide gleich stark.“ Tom sagte: „Nein, du bist Stärker. Nur wenn dein Kran nicht abgebrochen wäre. Wollen wir wieder Freunde sein?“ Schippo sagte: „Natürlich!“ „Zum Glück sind wir wieder Freunde.“

Eine Woche bei Oma

Von Isabella Knaus

Es ist Sommer. Die Sonne prallt auf die Stadt. Kinder schlecken Eis. Und Eltern schuften im Garten.

Außer bei Familie Meier.

Da sind alle außer Rand und Band. Nämlich, weil die Mutter Matina und Vater Thomas zu einem Geburtstag müssen. Und die Kinder übernachten bei Oma. Das sind 2 Stunden Fahrt. Und Nickol und Tobias fahren alleine mit dem Reisezug. Sie sind aufgeregt. Deswegen packen sie gerade. Endlich sind sie fertig. Jetzt müssen sie nur noch alles ins Auto einladen. Dass ist so viel Arbeit. Nach einer viertel Stunde sind sie fertig. Dann fahren sie zum Bahnhof. Plötzlich ruft Nickol: „Ich habe mein

Kuscheltier zu Hause vergessen." Darauf antwortet die Mutter: „Okay fahren wir halt nochmal nach Hause. Aber wir müssen uns beeilen."

In einem schnellen Tempo fährt die Familie wieder nach Hause. Und Nickol rennt in ihr Zimmer und holt ihre Kuscheltiere. Nach einiger Zeit sind sie endlich wieder beim Bahnhof. Und sie verabschieden sich. Nickol hat irgendwie ein schlechtes Gewissen. Langsam wird den Kindern langweilig und sie laufen herum. Plötzlich treffen sie einen Jungen namens Tom. Er wohnt in der Nähe von ihrer Oma. Nickol hatte eine Idee, dass sie sich jeden Tag treffen können. Endlich sind sie da. Sie freuen sich, dass sie endlich oben in den Bergen sind. Plötzlich kam die Oma aus dem Haus gerannt. Sie sagte: „Hallo ihr lieben Kinder, wie geht es euch?" Uns geht's gut und dir?" fragte Tobias. „Mir geht es prächtig, weil ihr da seid. dann kommt mal rein.", sprach die Oma. Sie rannten nach oben und packten aus. Dann rief die Oma die Kinder nach unten. „Ich habe eine Überraschung für euch", rief sie.

Plötzlich hielt sie ein Baby Kätzchen im Arm. Und 4 weitere Kätzchen liefen um sie herum. „Oh sind die süß.", rief Nickol. Dann rannten sie zu ihrem Freund Tom und berichteten alles. Als sie wieder auf dem Weg zur Oma waren, fiel Nickol auf den Boden. Ihr ganzes Knie war auf geschabt. Und es fing an zu bluten. Tobias rannte zur Oma und erzählte ihr alles. Aber leider hatte sie kein Pflaster. Tom wunderte sich, warum die so lange brauchten. Aber endlich kamen sie. Sie hatten zwar kein Pflaster dabei, aber einen Verband. Dann liefen alle wieder nach Hause und kümmerten sich um die Kätzchen. Nach einiger Zeit war es schon Abend, alle hatten Hunger und Tom fragte ob er bei ihnen essen durfte.

Nun saßen alle gemeinsam bei Tisch und aßen. Dann gingen alle in ihre Betten und schliefen. Am Morgen wollten sie einen Ausflug in den Zoo machen. Alle zogen sich blitzschnell an und holten Tom ab. Als alle fertig waren, fuhren sie mit dem Auto los. Sie mussten eine halbe Stunde fahren. Und Nickol fragte: „Wann sind wir da?“ „Jetzt, siehst du nicht das Zoo Schild?“ Alle stiegen aus und gingen zum Verkauf für die Eintrittskarten. Dann gingen alle in den Zoo. Zuerst sind sie zu den Affen gegangen und dann zu den Elefanten. Als sie schon die Hälfte der Tiere durch hatten, haben sie eine Pause gemacht und ein Eis gegessen.

Dann ging es weiter. Und sie schauten sich die Löwen an. Dann fuhren alle wieder nach Hause. Ganz erschöpft legten sich alle schlafen.

Zum Frühstück hatte keiner Lust, weil sie alle noch schliefen. Zum Mittageseen gab es Spaghetti. Nach dem Mittagessen spielten Nickol und Tobias zusammen mit Tom auf der Wiese. Mit einem Fußball, einem Springseil und den kleinen Kätzchen. Dann fragte Nickol Tom: „Möchtest du vielleicht ein kleines Kätzchen haben?“ Darauf antwortet Tom: „Ja gerne“ Ganz aufgeregt liefen sie zu Oma und fragten sie: „Darf Tom eine Katze haben?“ „Ja gerne wir können uns sowieso nicht um alle Katzen kümmern. Wir sind ja auch nicht mehr die aller jüngsten.“ Sie machten für die Kätzchen alle Flaschen mit Milch. Die Kätzchen waren nämlich schon halb ausgehungert.

Danach gingen sie zu einem Katzenladen. Dort gab es alles für die Katzen: Futter, Körbchen, Spielzeug und Katzenbäume. Aber sie brauchten nur ein Körbchen. Dann haben sie endlich das Richtige gefunden. Dann ging Tom nach Hause, und zeigte seiner Mutter die Katze. Am nächsten Tag gingen alle gemeinsam ins Schwimmbad. Dort gab es sehr viele Wasserrutschen und einen Wasserspielplatz. Nach dem Ausflug kamen ihre Mama und Papa. Gemeinsam tranken sie Kaffee und Kuchen. Leider aber mussten sie jetzt nach Hause gehen. Sie nahmen 2 Kätzchen mit. „Wollen wir uns nochmal bei uns verabreden?“ sagte Tom. Es dauerte nicht lange, dann trafen sie sich wieder.

Die beiden Drachenwelten

Von Mikael Sirak

Es war einmal vor langer Zeit, da gab es ein mächtiges Drachenkönigreich mitten im Drachenland. Das Land wurde von zwei starken Königen regiert. Einer von den beiden wollte allein über die Drachenwelt regieren. Zuvor ging er ins verbotene Land, wo ihn eine finstere Macht erwartet. Die Macht erzählte, es würde ihm helfen allein zu regieren. Plötzlich umzingelte ihn die Finsternis und übernahm seinen Körper. Dann kam der andere König und rief: „Bruder, was hast du in der verbotenen Zone zu suchen?“ Er antwortete: „Jetzt nichts mehr!“ Er nahm den anderen König gefangen und sagte: „Jetzt zur Erde los, Nun. Wir gucken mal auf der Erde.“

Dort wohnte ein Junge namens Alex. Er ahnte nicht, was ihn erwarten würde. Alex war gerade in der Schule. Ein neuer Schüler sollte in die Schule kommen, aber tatsächlich war es ein freundlicher Drache. Der sich als Mensch ausgab, um den Auserwählten zu suchen. Auf einmal kam durch das Fenster Nun, der finstere Drache. Es war einer von Mors Leuten. Mors war sehr heimtückisch und war der finstere König. Alex sprang auf Nun und besiegte ihn mit einem Schlag. Der freundliche Drache dachte, dass Alex der Auserwählte war. Danach wurde Alex zum Auserwählten ernannt. Er besiegte den finsteren Drachen Mors. Danach teilte er die Drachenwelt in zwei Welten und wurde zum König einer Drachenwelt.

Das Reitturnier

Von Lara Marija Smit

Hallo ich bin Torie. Ich erzähle euch heute von meinem Reitturnier. Ich ging in den Stall und holte Maya, mein Pferd. Danach putzte ich sie und machte sie fertig für das Reitturnier. Aber ich wusste nicht, was ich anziehen sollte.

Da hat mir meine beste Freundin geholfen. Sie heißt Trina. Ich hatte einen schwarzen Hut, ein weißes Hemd, schwarze Hose und braune Reitstiefel an. Sie hat mir erzählt, wenn ich nicht gewinne, dann wird der Stall verkauft. Ich habe so hart trainiert, aber einen Sprung haben Maya und ich nicht geschafft, den Trioxaprung. Doch das Turnier stand schon vor der Tür.

Wir waren dann dran. Ich war sehr nervös. Trina sagte: „Sei nicht so nervös, du schaffst das!!“ Da war die beste Reiterin Marie Kisner. Sie würde ich nie besiegen. Es ging los, ich habe alle Sprünge gemacht. Gerade war der Trioxasprung dran und ich habe ihn geschafft. Alle jubelten. Danach war Marie dran. Sie hat alle geschafft, außer den Trioxasprung.

Ich habe gewonnen. Alle jubelten. Wir haben gewonnen und haben 13.000 € und einen Pokal gewonnen.

Das Rasenmonster

Von Philipp Reminder

Jan und Sven spielten auf der Wiese Federball. Als sie erschöpft rein gingen, hörten sie ein lautes Brüllen. Keine Nachbarn waren draußen. Jan und Sven hatten große Angst. Sie gingen schnell ins Haus. Als die Nacht anbrach, gingen sie ins Bett. Am Morgen mussten sie früh in die Schule. Mittags kamen sie nach Hause. Bevor sie die Hausaufgaben machen wollten, gingen sie noch mal nach draußen. Plötzlich kam wieder ein lauter Schrei. Auf einmal bewegte sich der Rasen. Jan und Sven rannten so schnell wie möglich weg. Sie trauten sich nicht mehr in den Garten.

Nach einer Stunde gingen sie dann doch wieder raus. Der Rasen war ganz weg und das Monster stand genau vor Jan und Sven. Das Monster sprach: „Habt keine Angst, ich bin nicht böse.“ Jan fragte neugierig: „Was bist du denn?“ „Ich bin ein Rasenmonster.“ Sven rief: „Hast du die lauten Geräusche gemacht?“ Das Monster sagte: „Ja.“ Plötzlich war das Monster verschwunden. „Das Monster ist nicht mehr da!“, schrie Jan. Sie holten ihre Roller und suchten das Monster. Es lag auf einem Dach. Das Haus wackelte. Die Kinder riefen dem Monster zu: „Komm sofort da runter!“ „Ihr braucht keine Angst zu haben.“, flüsterte das Monster. Am nächsten Tag, war das Monster spurlos verschwunden und es kam nie wieder. Jan rieb sich die Augen und murmelte vor sich hin: „Das habe ich alles nur geträumt.“

Der Yeti

Von Maik Knochenhauer

Es waren einmal zwei Brüder, der eine hieß Andre, der zweite Aaron. Es war Winter und sie wollten eine Schneeballschlacht machen. Das machten sie auch. Sie haben sich so lange abgeworfen, bis ihnen eisig kalt wurde. Sie kamen nach Hause und wollten einen heißen Kakao. Am nächsten Tag machten sie einen

Ausflug in die Berge. Der Weg in die Berge war sehr lang. Endlich waren sie alle da. Andre war ziemlich froh, dass sie da waren.

Die Familie lief ein bisschen weiter. Doch was ist das? „Ein Yeti!!!“, ruft Aaron. Der Yeti hörte sie. Die Familie ging in Deckung. „Gott sei Dank, er hat uns nicht gesehen“, flüsterte Andre. Aaron meinte, dass Yetis angriffslustig sind. Und das stimmt auch. Doch der Yeti haute ab. Die Familie probierte so schnell wie möglich dem Yeti hinterher zu kommen, weil sie wissen wollten, was er vorhat. Sie folgten ihm immer weiter. Nun blieben sie stehen. „Eine riesen Höhle!!!“, rief Aaron. Der Yeti rannte in die Höhle. Die Familie schlich dem Yeti hinterher. Sie gingen in die Höhle. Andre war zu laut und der Yeti entdeckte die Familie. Sie alle rannten weg. Die Familie sah nach hinten. Er war nicht da. Schnell sprang der Yeti nach unten. „Lauft!“, schrie Aaron. Sie hängten den Yeti ab. Sie waren sehr froh, dass er weg war. Die Familie ging weiter.

Plötzlich sahen sie den Yeti vor sich liegen. Er war verletzt. Sie halfen ihm so schnell wie möglich. „Er blutet.“, sagte Andre. Wahrscheinlich ist er hart gestolpert. Gott sei Dank, hatte Aaron einen Verband dabei. Die Familie band den Verband um seinen Fuß. Der Yeti dankte der Familie. Glücklich gingen sie nach Hause.

Overdrive. Das echte Rennen

Von Moritz Ebert

Es klingelt an meiner Tür. Mein Freund steht mit voller Ausrüstung vor mir. Er sagt zu mir: „Vielleicht möchtest du mit mir ein Rennen fahren?" Ich ziehe mir meine Ausrüstung an. Wir lassen den Motor losheulen und fahren zur Rennstrecke.

Drei, zwei, eins, *LOS*!

Ich drücke das Gaspedal durch. Er fährt einen halben Meter vor mir. Wir driften durch die Kurve, ich sehe schon die nächste scharfe Kurve. Mein Freund bremst vor der Kurve und ich bremse ein bisschen nach ihm. Ich bin nun vor ihm. Meine Reifen müssen jetzt schon gewechselt werden. „Meine Güte, jetzt liege ich schon wieder hinten." Ich drücke schon wieder auf Gas. Jetzt bin ich wieder näher an ihm dran. Zwei Runden später sind wir nebeneinander und sehen das Ziel. Ich gebe noch einmal Vollgas, ich komme mir drei Zentimeter vor ihm ins Ziel. Ich glaube, dass er mich an der Schulter schüttelt um mir zu gratulieren. Aber es sagt jemand: „Aufstehen!“ Meine Mama steht am Bett und weckt mich. Leider war es alles nur ein Traum.

Die halbe Karte

Von Hamza Bilgin

Käpt’n Reichstein und seine Crew waren auf dem weiten Meer unterwegs. Eigentlich ist das Wetter schön. Doch dann zog ein Gewitter auf. Es dauerte ganze drei Stunden. Käpt’n Reichstein und seine Crew strandeten auf einer einsamem Insel. Das Piratenschiff hatte überall Löcher. Käpt’n Reichstein und seine Crew arbeiteten Tag und Nacht um das Schiff zu reparieren.

Plötzlich entdeckte Käpt’n Reichstein ein Stück einer Schatzkarte. Er grub sie aus, doch da sah er, dass es nur eine halbe Schatzkarte war. Er rief seine Crew zu sich. In der Schatzkarte stand, dass die andere Hälfte auf der Insel an einem markierten Ort vergraben war. Käpt'n Reichstein entdeckte den Ort. Seine Crew fing an zu graben. Nach Stunden langer Arbeit haben sie die andere Hälfte der Karte gefunden. Käpt'n Reichstein legte die beiden Kartenstücke zusammen. Jetzt wusste Käpt'n Reichstein wo der Schatz liegt. Der Schatz lag in einer Palme. In dem Schatz waren 500.000.000 €!

Die neuen Planeten und der Krieg

Von Maxim Shimonenk

Es war einmal ein Planet, er hieß Erde. Dort war eine Schule, es sind 109 Kinder. Plötzlich sind Astronauten in die Schule gekommen und sagten: „Es stürzt ein Kommet auf die Schule!" Alle Kinder schreien: „AAAAAAAAAA!" Auf einmal kommt eine fliegende Untertasse und saugt die ganze Schule auf. Die Untertasse ist aus Kometenstein gebaut und hat eine Elektronik, die wir Menschen nicht besitzen.

Der Astronaut sagt: „Wir sind da. Ein neuer Planet. Die Schule besteht dort aus Schrott und die Waffen sind aus Laser.“ Die Eliens sagen: „Dieser Planet heißt Chaosplanet also Willkommen.“ Aber es gibt auch den Playerplanet, dort sind fliegende Fische mit Beinen. Leo aus der Schule fragt: „Wie seht ihr aus?“ Die Eliens antworten: „So“ und drehen sich um. Sie haben riesige Augen, sie sind grün, groß und haben eine Laserpistole. Die Häuser von den Eliens sind aus kleineren Raumschiffen und aus Kuchen. Annika fragt: „Wieso habt ihr uns eigentlich aufgesaugt?“ Weil ein 246 m langer und 198 m breiter Komet auf die Schule stürzt. Wir sind jetzt beim Schloss.“ Die Elienkönigin ruft: “Wir haben Neue. Wir müssen sie beschützen. Also Elien, rüstet euch aus für den Krieg!“ Alle Eliens rüsten sich und haben Laserschwerter, Laserpistolen und Kometenrüstung. Ein Elien schreit: „Hallo ihr kleinen Fische!“ Ein Fisch ruft zurück: „Wir heißen nicht Fische, sondern Playerfische!“ Da begann der Krieg.

30 Minuten später…

Die Fische werden immer weniger dann kommt der König und er ist so stark wie 30 Eliens und sofort danach kommt die Elienkönigin. Die

Elienkönigin kann Feuer spucken und Blitze schießen. BOOM BAAM KAAABUM! Der Fisch König ist besiegt, aber er steht wieder auf! Drei Schläge ins Gesicht und einer zurück, dann noch einen richtigen Schlag ins Gesicht, aber jetzt ist er besiegt. Sie sperren ihn ins Gefängnis und nehmen seine Kräfte. Die Königen schreit: „Der Komet!" Die Eliens machen sich auf den Weg und zerstören den Komet und bringen die Schule wieder auf ihren Platz.

Die verzauberte Treppe

Von Lucas Kortmann

Tim schreckte auf, er hatte einen Albtraum. Er stand auf. Es war erst 3 Uhr 55. Er ging aus seinem Zimmer. Das Laminat knarrte. Tim ging auf die Treppe zu. Er holte sich eine Flasche Wasser und ging aufs Klo. Er wollte gerade wieder hochgehen, als er einen bläulichen Schimmer sah. Tim ging in die Richtung, wo das Licht herkam. Als er näher kam, sah er dass es ein Portal war. Er rieb sich die Augen. Tim nahm einen Schluck aus seiner Flasche und ging die Treppe hoch. Er zog sich an und packte seinen Rucksack. Und nahm sich seine Jacke. Danach rannte er die Treppe runter. Tim guckte sich das Portal nochmal an und dann sprang er rein.

Auf einmal war es still. Er sah, dass er in die Vergangenheit gereist war. Geschätzt um die Zeit 1876 - 1886. Tim beschloss sich in der neuen Stadt erst einmal um zu schauen. Er lief die Straße entlang. Tim sah, dass es eine Bücherei gab. Er ging hinein. Und sah, dass da ganz viele alte Bücher in den Regalen standen. Er ging auf ein Regal zu. Da sah er ein altes schon sehr kaputtes Buch über ganz alte Schriften. Er sah sich die Zeichen genauer an. Als er hochguckte sah er wie zwei Männer 5 Bücher aus dem Regal nahmen. Tim bemerkte auch wie die Männer die Bücher nach draußen trugen, ohne sich einen Zettel mitgeben zu lassen. Tim rannte ihnen hinterher.

Als er nach draußen kam, sah er wie die Männer die 5 Bücher in eine Pferdekutsche trugen. Und Tim bemerkte noch, wie die zwei Männer wegfuhren. Er rannte ihnen hinterher, doch es war schon zu spät. Tim sah betrübt auf den Boden, da merkte er erst, dass der Boden nicht steinig, sondern mit Schlamm bedeckt war. Tim rannte den Spuren hinterher. Als er die beiden Männer eingeholt hatte, sprang er, ohne lange drüber nach zu denken, auf die Kutsche und lief nach vorne. Als er vorne ankam, nahm er sich unbemerkt die Bücher. Und sprang von der Kutsche. Tim lief zur Bücherei zurück, um die Bücher abzugeben. Danach lief er zum Portal zurück, dann war es wieder still. Er schloss die Augen. Und als er seine Augen wieder aufmachte, sah er, dass er wieder zuhause war. Tim legte sich in sein Bett. Drei Stunden später weckte ihn seine Mutter, denn es war Zeit, in die Schule zu gehen.

Das Schul-Chaos

Von Kara Steinert

Max musste in die Schule. Dann hörte er einen Schrei. Er sah, dass die Schule voller Eier und Toilettenpapier war. Max sah einen Zettel. Da stand drauf: „Wir treffen uns beim Kiosk. Komm allein! 16Uhr!“ Max dachte die ganze Zeit an diesen Zettel und er ging um 16 Uhr zum Kiosk. Es kam aber niemand! Max wollte schon wiedergehen, da sah er am Kioskfenster noch einen Zettel. Da stand drauf: „HA-HA!

Pech gehabt! Aber Morgen wird schon wieder was passieren!“ Max rannte zur Schule. Da war ein Junge er hatte eine Kapuze auf. Max rannte ihm hinterher. Der Junge verlor ein Buch. Auf dem Buch stand: „Kinney!“ So hießen doch die Zwillinge aus Max`s Klasse! Lukas und Paul Kinney. Max rief zuerst Lukas auf dessen Handy an, aber dieser sagte, dass er beim Klavierunterricht war. Dann befragte Max Paul. Er sagte, dass er in der Schulbücherei war. Max wusste aber, dass die Schulbücherei heute zu war, da Frau Mausewitz krank ist. Paul rannte nun aus dem Haus, aber Max sprang auf Paul. Paul gab zu, dass er die Schule schmutzig gemacht hatte. ....

Und wieder ein Fall erfolgreich gelöst!!!!!

Der Mörder in der Straße

Von Kara Steinert

Eines Morgen wachte Max auf. Er hörte einen Schrei. Die Maus der Nachbarin war tot. Sie lag vor ihrem Haus. Der Nachbar erschrak. Der Hund war auch tot. Max fand schwarzen

Stoff am Zaun. Es war Schafwolle. Die kannte er von seinen Freunden Tim, Nico und Alex. Sie tragen fast immer diese Wolle. Max rief alle seine Freunde an. An Alex‘s und Tim‘s T-Shirts war ein Loch und sie hatten schwarze T-Shirts an. Aber Tim hatte eines aus Baumwolle. Max wusste, dass Nico heute krank war. Jetzt weiß Max, wer der Mörder ist.

Der geheimnisvolle Vogel Teil 2

Von Nathan Theiler

Eines Tages wurde ich von warmen Sonnenstrahlen geweckt. Von draußen hörte ich Vogelgezwitscher. Plötzlich hörte ich ein scheußliches Klingeln. Es war ein Wecker, besser gesagt, der Wecker von meinem Bruder Johann. Er wollte ihn ausschalten, aber vergeblich. Dann entschloss er sich aus dem Bett zu kriechen und den Wecker auszuschalten. Endlich war der Wecker still.

Plötzlich hörten wir einen Vogelruf. Es war wieder der Vogel, den ich schon mal gesehen hatte. Wir wussten, dass er uns etwas zeigen wollte. Also zogen wir uns an und rannten nach draußen. Da sahen wir den Vogel wieder. Auf einmal flog der Vogel los. Wir rannten hinter ihm her. Plötzlich standen wir vor der Schlossruine. Wir gingen hinein. Eine steile Treppe führte nach unten, in einem großen Raum. Dort sahen wir auf einmal eine Tür. Wir öffneten diese Tür und sahen hunderte von Diamanten und Goldmünzen. Zuerst wollten wir alles mitnehmen. Aber dann entschlossen wir uns, dass das unser Geheimnis bleiben wird. Wir rannten wieder nach Hause und dann gab es endlich Frühstück.

Dschungelschwestern

Von Hannah Störr und Josie Soltau

An einem Samstagmorgen fuhr Familie Müller zum Flughafen. Laura und ihre Schwester Leila waren sehr aufgeregt. Sie konnten es kaum erwarten, denn sie flogen nach Südamerika. Am meisten freuten sie sich auf den Ausflug in den Dschungel. Nach 12 Stunden Flug kamen sie endlich an. Die Familie wurde am Flughafen von einem Taxi abgeholt und ins

Hotel gebracht. Als allererstes schauten sie sich das Hotel an. Es war sehr schön. Danach packten sie ihre Koffer aus und legten sich schon alle Sachen für den ersten Dschungelausflug in einen Rucksack. Nach dem Essen gingen sie schlafen.

Bereits am nächsten Morgen machten sie einen Dschungelausflug. Sie wurden von einem Reisebegleiter am Hotel abgeholt und mit einem Geländewagen fuhren sie in Richtung Dschungel. Der Reisebegleiter kannte sich gut im Dschungel aus. Dort gab es viel zu entdecken. Sie sahen Schlangen, Affen und Echsen. Weiter oben in den Bäumen hatten bunte Vögel ihre Nester gebaut. In den Baumkronen lebten die schönsten Schmetterlinge, die man sich vorstellen kann. Auch mehrere Elefanten konnten sie beobachten. In den Sumpfgebieten sahen sie einige Flusspferde, Büffel und Krokodile. Nach einem ereignisreichen Tag übernachtete die Familie in einem Zeltlager mitten im Dschungel. Das war vor allem für Laura und Leila sehr aufregend.

In der Nacht bekam Laura Durst, doch sie hatten keine Getränke im Zelt. Sie fragte ihre Schwester Leila, ob sie mir ihr zum Wasserfall gehen würde. Den hatte sie vor ihrer Ankunft im Zeltlager im Vorbeifahren gesehen. Leila antwortete: „Ja, okay.“. Also gingen sie zum Wasserfall. Als sie dort angekommen waren, füllte Laura Wasser in einen leeren Behälter, den sie neben einem Zelt gefunden hatte. Sie blieben noch eine Weile am Wasserfall und konnten noch einige kleine Tiere beim Trinken beobachten.

Dann wollten sie wieder zurück zu den Zelten. Doch es war dunkel und sie hatten sich den Weg nicht gemerkt. Laura fragte: „Was sollen wir jetzt machen?“ Leila antwortete: „Ich weiß es nicht.“ Laura sagte: „Vielleicht sollten wir das Zeltlager jetzt weiter suchen.“ Leila antwortete: „Ich glaube, das ist keine gute Idee.“ Laura widersprach: „Warum denn nicht?“ Leila sagte: „Wir könnten uns noch mehr verlaufen.“ Laura machte einen Vorschlag: „Wir warten bis zum nächsten Morgen, wenn es wieder hell ist.“

Also übernachteten sie unter einem Baum in der Nähe des Wasserfalls. Am nächsten Morgen gingen sie los, um ihre Eltern zu suchen. Doch auf einmal stand hinter den Büschen ein Tiger. Laura und Leila rannten so schnell sie konnten weg. Doch dann sahen sie, dass der Tiger eine Tigerin war und ein Junges hatte.

Das war so süß. Beide hielten an. „Sie sieht eigentlich ganz nett aus Leila. Wir gehen langsam zu ihnen.“ Die Löwin griff die Schwestern nicht an. Sie konnten sogar das Junge streicheln. Laura und Leila freundeten sich mit den Tieren an.

Den ganzen Tag begleitete sie die Löwin und ihr Junges. Da sie ihre Eltern nicht fanden, beschlossen sie am späten Nachmittag sich eine Übernachtungsmöglichkeit zu suchen. Sie hatten sich zu weit vom Zeltlager entfernt und keine Ahnung wo sie waren. Da sie nichts Passendes fanden, fingen sie an, sich ein Baumhaus zu bauen. Viele Tage vergingen und die Kinder konnten ihre Eltern nicht finden. Sie freundeten sich immer mehr mit den Tieren des Dschungels an und erlernten die Tiersprache.

Sie erlebten viele Abenteuer. Leila und Laura fanden genügend zu essen im Dschungel, die Tiere halfen ihnen dabei. So vergingen einige Wochen und sie kamen auf die Idee, die nächste Stadt zu suchen. Sie fragten ihre Tierfreunde, ob sie ihnen helfen würden. Es dauerte nicht lange und die Tiere zeigten ihnen den Weg bis zum Ende des Dschungels. Von dort aus konnten sie die Stadt schon sehen. Als

Leila und Laura in der Stadt ankamen, fühlten sie sich nicht wohl, weil alles so ungewohnt war. Sie suchten das Rathaus und fragten dort, ob jemand ein deutsches Ehepaar kennt. Sie sagten: „Ja, hier wohnt seit einigen Wochen ein deutsches Paar, dass ihre Töchter im Dschungel verloren hat. Sie sind sehr traurig." Leila fragte nach der Adresse.

Aufgeregt klingelten sie an der Tür. Ihre Eltern öffneten und alle umarmten sich glücklich. Sie hatten wochenlang Leila und Laura gesucht und waren deshalb ganz in der Nähe des Dschungels geblieben. Die Kinder erzählten von ihren Abenteuern. Alle waren froh, dass ihnen nichts passiert war. Gemeinsam flogen sie am nächsten Tag wieder nach Deutschland zurück. Die Kinder versprachen nie wieder, ohne Bescheid zu geben, in der Nacht irgendwo hingehen. Diesen Urlaub wird wohl keiner vergessen.

Das große Fußballspiel

Von Jannes Dittrich

Leopold und Jacob sind sehr aufgeregt. Sie haben ein großes Fußballspiel vor sich. Endlich ist der Tag gekommen. Sie spielen gegen Brasilien. Anpfiff ist um 16:30 Uhr. Alle sind aufgeregt. Am Ende haben sie 2:1 gewonnen. Sie sind sehr glücklich. Nach dem Spiel feiern sie ihren Sieg und essen Pizza. Danach schmeißt der Torwart eine Übernachtungsparty.

Am nächsten Tag spielen sie Tischkicker und der Torwart und der Stürmer haben gewonnen. Anschließend sind sie noch ein leckeres Eis essen gegangen. Das Eis war sehr lecker. Und die Kinder hatten einen schönen Tag. Die Geschichte ist zu Ende.

Die Freundschaft

Von Milena Schaub

Es lebte einmal eine Familie. Diese Familie wollte Urlaub an der Nordsee machen. Eines Tages hatten sie den Urlaub gebucht. Am 1. Tag nach den Sommerferien fuhren sie los. Sie fuhren vier Stunden lang. Als sie angekommen waren und die Koffer ausgepackt hatten, fuhren sie an den Strand. Es war ein wunderschöner Tag. Das Wasser stieg. Lisa, die 9-jährige Tochter nahm ihren Badeanzug mit. Sie fragte ihre Eltern, ob sie im See schwimmen darf. Mama sagte: „Ja, du darfst im See schwimmen, aber nur wenn du in der Nähe bleibst!" Lisa sagte: „Ist klar Mama!" Sie zog ihren Badeanzug an und schwamm los.

Mit der Taucherbrille suchte sie nach Muscheln, plötzlich sah sie von weitem etwas im Sand buddeln. Lisa wunderte sich, weil dieses Objekt hatte eine lange Schnauze und eine Flosse. Lisa schwamm näher. Als sie hinter dem Objekt war, traute sie ihren Augen nicht. Sie ließ die Muschen aus der Hand fallen. Es war ein Delfin, der nach Essen suchte. Lisa wollte den Delfin anfassen. Als sie ihn berührte, schwamm der Delfin so schnell er konnte weg. Lisa schwamm ihm nach. Als der Delfin sich wieder beruhigt hatte, kam Lisa näher. Dieses Mal schwamm sie von vorne, das sie der Delfin sehen konnte. Lisa kam vorsichtig näher, der Delfin schaute ihr in die Augen und vertraute ihr. Lisa streckte die Hand vorsichtig aus und der Delfin schwamm zu ihr rüber. Mit der Nasenspitze berührte der Delfin Lisas Hand. Lisa blieb ruhig, denn sie wollte den Delfin nicht verjagen. Dann drehte sich der Delfin mit der Rückenflosse zu Lisa. Lisa hielt sich mit den Händen an der Rückenflosse fest und stieg auf den Rücken des Delfins und sie schwammen weit raus. Dann rief Lisa: „Stopp! Meine Eltern sagten zu mir, ich darf nicht so weit rausschwimmen." Der Delfin hielt an und schwamm in die andere Richtung, als würde er Lisa verstehen.

Als sie zurück am Strand waren trauten die Eltern ihren Augen nicht. Ihre Tochter ritt auf einem Delfin. „Lisa, wo hast du den Delfin her?", fragten die Eltern. „Das ist eine lange Geschichte.", antwortete Lisa. Zum Schluss verabschiedete sich Lisa von dem Delfin. Dann fragte sie: „Sind wir für immer und ewig Freunde?" Der Delfin nickte. Zum Schluss kam Lisa ins Wasser und umarmte den Delfin.

Dann sagte sie: „Wir sehen uns morgen hier am Strand.“ Der Delfin nickte und schwamm weg. Als sie zu Hause waren erzählte Lisa ihren Eltern alles was passiert ist.

Der Löwe & der Krebs

Von Jason Simon

Es war einmal ein Löwe er war noch sehr jung. Er hatte einen Papa und eine Mama. Eines Tages gab es einen heftigen Sandsturm. Alle konnten sich retten bis auf Sturmo, so hieß der Löwe. Er wurde gegen einen Felsen geschlagen. Und er wurde dann ohnmächtig. Als er aufwachte, brüllte er „MAMA!“ doch es hörte ihn niemand.

Auf einmal pikste ihn etwas am Fuß. Es war ein Krebs, der auch vom Sandsturm weg geschleudert wurde. Der Krebs hieß Hako. Er war auch noch jung. Er hatte Angst und fühlte sich allein. Sturmo wich erschrocken zurück, Hako tat das gleiche. Sturmo und Hako fragten gleichzeitig: „Wer bist du?“, und Sturmo antwortete „Ich bin ein Löwe.“ Und Hako antwortete: „Ich bin ein Krebs.“ Sie waren ja beide noch jung und daher kannten sie sich noch nicht. Danach sagte Hako: „Wollen wir Freunde sein?“ „Ja, klar!“, antwortete Sturmo. „Komm, wir gehen.“ Und so gingen sie. Nach einer Zeit kam eine Schlange. Sturmo und Hako stiegen mit ihr in den Ring. Sturmo kratzte die Schlange und Hako zwickte sie und die Schlange zog sich mit schweren Wunden zurück. Dann gingen Sturmo und Hako weiter.

Bald konnten sie nicht mehr. Sie waren am Wald angelangt. Dort bauten sie einen Unterschlupf. In dem Unterschlupf gab es Spinnen. Hako hatte Angst vor Spinnen, aber Sturmo verscheuchte sie und sie schliefen ein. Am nächsten Morgen hatten sie Hunger. Sturmo riss ein Reh. Sie fraßen das Reh auf. Dann gingen sie weiter. Auf einmal begann es zu regnen und zu donnern und zu blitzen. Die zwei versteckten sich unter einem Baum. Danach wollten sie zurück, aber sie waren vom Weg abgekommen. Sie suchten weiter nach dem Weg nach Hause. Sie kamen wieder zur Wüste. Dort gingen sie weiter. Nach vielen Stunden konnten sie nicht mehr und wurden müde.

Sie schliefen, bis sie von einem lauten Gebrüll geweckt wurden. Es war ein Löwe. Sturmo und Hako waren zwar schon groß, aber immer noch zu klein. Sie rannten zurück. Am Ende fanden sie einen See. Sie tranken sofort Wasser daraus. Danach gingen sie weiter. Viele Stunden gingen sie. Nach einer Zeit war ihnen langweilig, sie spielten Fangen. Hako fragte: „Warum bist du hier?" „Ich wurde von einem Sandsturm weggepustet und woher kommst du?" „Ich komme von einem Waldrand. Und wurde auch von einem Sandsturm wegepustet." „Oh, ich komme auch aus dem Wald. Vielleicht sind wir ja Nachbarn?"

Und dann wanderten sie weiter. Nach zwei Tagen fanden sie eine Höhle die bewohnt war. Dort drinnen war der Löwe vor dem sie weggerannt waren. Sie versteckten sich hinter einem Busch. Aber es war zu spät. Als der Löwe kam, tat er ihnen nichts. Er trug sie nur in die Höhle. Sie sahen 3 kleine Löwenkinder und eine Löwenfrau. Nach einer Weile fragte der Löwenvater: „Woher kommt ihr?" „Wir kommen von einem Sandsturm" „Oh.", sagte der Löwe. „Und wie heißt du?", fragte Sturmo. Der Löwenvater sagte: „Ich heiße Kai. Und wie heißt ihr?" Sturmo und Hako nannten ihm ihre Namen.

Da sagte Kai: „Sollen wir euch helfen wieder nach Hause zu finden?“ „Ja, das wäre echt toll.“, sagte Sturmo. „Dann werde ich euch begleiten.“, sagte Kai.

Der Rückweg

Sturmo, Hako und Kai gingen über Hügel, über Berge, und und und ... Als sie an den See kamen, wo sie getrunken hatten, tranken sie gleich wieder. Sie gingen weiter. Nach drei Stunden kamen sie an ein Wespennest. Kai und Sturmo schlugen zu und Hako zwickte sie. Als sie alle weg waren, leckten sie den ganzen Honig auf und gingen weiter. Nach gut fünf Stunden waren alle müde. Sie schliefen auch alle direkt ein. Am Morgen wachte Sturmo auf. Vor ihm lag sehr viel Essen, was Kai ihm vorbereitet hatte. „Oh, Nüsse!“, sagte Hako und freute sich über das tolle Essen. Als sie alles aufgegessen hatten, gingen sie weiter. Nach drei Stunden sahen sie was gelb-braunes in der Ferne. Es war ein Löwe. Sturmo rannte hin und sah seine Mutter.

Sturmo rief: „MAMAAAA!“ und seine Mutter rief: „STURMOO!“ Sturmos Mutter sagte: „Wir haben neue Nachbarn, eine Krebsfamilie.“ Hako rannte sofort hin und sah auch seine

Mama und Papa. Sturmo begrüßte seinen Papa überglücklich in der Höhle. Alle waren glücklich und zufrieden und auch Kai, denn seine Frau kam zu ihm mit den Kindern und sie suchten eine Höhle in der Nähe.

Die drei Könige

Von Said Memovic

Es waren einmal drei Könige. Der König aus dem Norden hieß Hans, der aus dem Osten hieß Peter und der aus dem wilden Westen hieß Hans-Peter. Die drei Könige ließen die Kobolde angreifen. Die Kobolde waren sehr mächtig. Sie besaßen viel Gold. Drei Ritter starben. Die anderen Ritter haben überlebt. Die Kobolde waren sauer! Der Oberkönig der Kobolde sagte, er will sie angreifen. Er sagte: „Sollen alle sterben!!“ „Ich bin sauer!“, sagte auch der Sohn. Der Koboldkönig sagte: „Ich bereite die Truppen vor den Angriff.“ „Der Sohn sagte: „Ich auch. Okay, los.“ Dann gingen sie schlafen.

Am Morgen griffen die Kobolde die Könige an. Sie kämpften. Dann kam Hans mit seinen Rittern. Peter kam auch. Die Kobolde waren eigentlich winzig, aber auch stark. Jetzt wieder zum Kampf. Und dann waren sie nicht mehr Feinde, sondern Freunde, weil die Könige den Kobolden das Gold zurückgegeben haben. Und dann haben die Menschenkinder und die Koboldkinder Fangen gespielt. Die Könige spielten Karten.

Und wenn sie jetzt noch Freunde sind, dann spielen sie noch heute.

Und die Moral der Geschicht: Klaut keine Sachen nicht!

Das Moorschloss

Von Laura Völker

Es war einmal ein Mädchen, es hieß Ramona. Ramona hatte ein Pferd. Das Pferd war ganz schwarz, bis auf einem Fleck auf der Stirn. Deswegen nannte sie ihr Pferd Fleck. Fleck und Ramona haben schon ein Turnier gewonnen. Ramona wollte ausreiten und sie sattelte

Fleck. Ins Moor wollten sie heute reiten. Sie waren noch nie beim Moor, dort wo das Moorschloss steht. eine Stunde später war sie beim Moor. Jetzt ging die Sonne unter und es wurde dunkel. Zum Glück hatte sie eine Taschenlampe dabei. Sie holte ihre Taschenlampe aus der Tasche.

Doch bevor sie die Taschenlampe anmachen konnte, kamen Irrlichter. Ramona folgte den Irrlichtern. Und sie kamen an einem Schlosstor an. Ramona stieg von Fleck ab und wollte ihn anbinden. An einem Baum. Doch Fleck riss sich los und galoppierte weg. Ramona machte jetzt die Taschenlampe an und klopfte an die Schlosstür. Die Schlosstür ging auf und Ramona lief ins Schloss. Auf einmal raschelte es. Da erschreckte Ramona ein Gespenst. Ramona rannte aus dem Schloss nach Hause. Zum Glück war ihr Pferd nach Hause galoppiert und wartete dort auf sie.

Was passiert?

Von Navya Bestwick

Hallo mein Name ist Jana und ich bin 10 Jahre alt. Ich habe die besten Freunde. Sie heißen Max und Leonie. Wir haben schon sehr viele Abenteuer zusammen erlebt und eins davon werde ich euch nun erzählen:

Alles fing an einem sonnigen Tag im Sommer an. Jana, Max und Leonie trafen sich am 10. Juni in Hüttenberg, weil sie zusammen eine Geschichte schreiben müssen. Max fragte: „Was ist die Überschrift?" Leonie antwortete: „Wie wär's mit Blumen oder Monstern?" Jana sagte: „Gute Idee, das mit Blumen oder Monstern. Ich schlage vor wir fangen an mit Blumen." Max und Leonie antworteten: „Okay, dann an die Arbeit." Nach zwei Stunden waren sie fertig. Sie schauten aus dem Fenster. Auf einmal sahen sie Tausende Blumen. „Waren die Blumen schon vorher da?", wunderte sich Max. Aber wir konnten uns auch nicht mehr erinnern.

Eine Woche später trafen sich Jana, Max und Leonie wieder. Dieses Mal hatte Max eine Idee für eine Geschichte. Nämlich das Max seine

Mannschaft 7:0 gewinnt. Am nächsten Tag fand das Fußballspiel von Max statt. Max's Team gewann 7:0. Den Freunden kam das sehr bekannt vor. Aber in diesem Moment fiel ihnen nicht ein, woher.

Als sie wieder zu Hause waren erschrak Leonie und schrie: „Max, Jana, kommt euch der heutige Tag nicht bekannt vor?" Gleichzeitig antworteten die beiden: „Unsere Geschichte!" Plötzlich erkannten sie, dass etwas nicht stimmte. Erst hatten sie eine Blumengeschichte geschrieben und da erschienen Tausende von Blumen im Garten. Danach schrieben sie eine Fußballgeschichte, dann hatte Max beim Fußballspiel gewonnen. Leonie hatte eine Idee nämlich, dass sie eine Quatschgeschichte schrieben. Den anderen gefiel die Idee sehr gut. Nach zwei Stunden waren sie mit der Quatschgeschichte fertig.

Am nächsten Morgen in der Schule trafen sich Max, Jana und Leonie wieder. Da war ihre Lehrerin Frau Plock so verrückt, aber zum Glück hat es nach ein paar Stunden wieder aufgehört. Jana bemerkte daraufhin, dass sie alle zusammen Zaubergeschichten geschrieben hatten.

Dann hatte Jana die Idee, die Geschichten getrennt aufzuschreiben. Ein Tag später wurde keine Geschichte wahr. Jana bemerkte, dass die Geschichten nur wahr wurden, wenn sie diese zusammen schrieben.

Ja, so war die Geschichte, ich hoffe wir sehen uns wieder.

Das Monster im Bad

Von Lina Boussouf

Diese unglaubliche Geschichte ist in einer sehr kleinen Stadt namens „Taka-Tuka" wirklich passiert.

Max und Moritz sind Zwillinge. Sie sind oft fröhlich. Max und Moritz sitzen zu Hause am Küchentisch und machen Hausaufgaben. Da muss Max einmal dringend auf die Toilette und geht daher in den ersten Stock. Plötzlich hört man Hilfeschreie aus dem Bad. Mama, Papa und Moritz rennen schnell die Treppen hoch. Mama fragt aufgeregt: „Was ist hier ..." Bevor sie den Satz jedoch beenden kann, ruft Max entsetzt dazwischen: „MONSTER IM KLO!"

Mama sieht grüne Schleimmonsterkleckse überall im Bad verteilt. Zum Glück hat die Familie eine Oma, die Chemikerin ist.

In kurzer Zeit ist sie herbeigeeilt und untersucht den Schleim. Dann gibt sie den weisen Rat: „Stellt Schinken und Zitronenwasser hin und spielt die „Lochis“ auf einem CD-Spieler ab. Die Musik muss die ganze Nacht durchspielen. Ihr dürft euch nicht sehen lassen.“ „Wo kommt denn dieses Schleimmonster her?“, fragt Mama nervös. „Vom Planeten Huba Budu“, antwortet Oma seelenruhig. „Jetzt wartet einmal ab, morgen ist der Spuk bestimmt vorbei.“ Die Familie befolgt genau den Rat der Oma. In der Nacht hören sie plötzlich Geblubber und Gekicher aus dem Bad. Aber niemand traut sich nachzuschauen.

Am nächsten Morgen stürzen die Zwillinge erwartungsvoll ins Badezimmer. Der Schinken und das Zitronenwasser sind verschwunden. Die Musik ist aus.

Seitdem gab es keine Monster mehr im Haus. Ist da nicht gerade ein Geblubber…?!

Entführung im Universum

Von Lenart Mulliqi

Die Geschichte spielt in Amerika AREA 51.

Während Forscher der AREA 51 forschen und entwickeln, werden Jonas, Emma und ihr Team für den Start eines Raumschiffes fertig gemacht. Ihr Team besteht aus sechs Mitgliedern. Jonas, Emma, Steve der Techniker, Alex der Pilot, Nina die Signalempfängerin und Bina, die Co-Pilotin. Das Team will starten. Doch da trifft plötzlich ein Mutterschiff der Aliens ein, dass das ganze Team samt Raumschiff entführt.

Vor ein paar Monaten wurde die Erde bereits von Aliens angegriffen. Das Mutterschiff, das das Team entführt hatte, war auch am Tag des Angriffs da. Im Mutterschiff werden sie, umzingelt von Aliens und mit Angst erfüllt, von den Fremden genau beobachtet. Doch da drehen die Aliens völlig durch. Auch die Mitglieder des Teams fangen an, sich hektisch zu bewegen. Jonas schreit entsetzt: „Ein „Schwarzes Loch“ vor uns! Wir werden alle sterben!“

Sie werden eingesogen und fallen in Ohnmacht. Als sie aus dieser wieder erwachen, befindet sich das Team auf einem erdähnlichen Planeten. Unvorbereitet werden sie plötzlich von längst ausgestorbenen Tieren angegriffen. Steve fragt ungläubig: „Sind wir in der Steinzeit gelandet?“ Jonas antwortet: „ Kann sein oder wir befinden uns in einem Paralleluniversum.“ Alex meint: „Ja, wir sind in einem Paralleluniversum, weil es 3 Monde gibt.“

„Wir müssen etwas finden, um Kontakt zur Erde aufnehmen zu können“, drängt Jonas. So laufen sie lange umher, bis Nina ihnen zuruft: „Kommt schnell her. Hier ist ein Ufo!“ Das Team baut aus passenden Teilen ein Funkgerät. Es gelingt ihnen, Kontakt mit Area 51 aufzunehmen. So kehren sie sicher und glücklich zur Erde zurück.

Das Geheimfach

Von Melissa Syrbe

In einem kleinen Dorf lebten zwei beste Freundinnen. Sie hießen Mia und Mella.

Eines Tages schoss ein Nebeltornadoalien im Jahre 1974 einen Nebeltornado auf das kleine

Dorf. Mia und Mella wurden in Nebel eingehüllt und während des Tornados von Aliens entführt.

Sie erschraken sehr, als sie in einem dunklen Raum aufwachten. Nach mehreren Versuchen schaffte Mella es sich zu befreien und auch Mias Fesseln zu lösen. Schnell flüchteten sie gemeinsam. Komischerweise war alles um sie herum aus Wasser. Auf einmal kamen sie nicht mehr weiter. Sie waren von Außerirdischen umzingelt. Diese trugen Wasserreifen. Mia und Mella wollten über die Wasserreifenaliens hinwegspringen, aber als sie zum Sprung ansetzten, flogen sie fort.

Durch eine Zeitreisespirale landeten sie in einer sehr komischen Steinzeit. Als sie sich umsahen, entdeckten sie nur große Steine. Sie guckten vorsichtig um einen besonders großen Stein herum. Und was sahen sie? Einen riesigen, feuerspeienden, fleischfressenden Drachen. Als der Drache die beiden erblickte rannte er los, um sie zu fressen. Sie rannten kreischend davon. Plötzlich stolperten sie über einen Stein und fielen hin. „Jetzt wird er uns verspeisen“, dachten sie entsetzt.

Doch plötzlich öffnete sich der Boden und sie stürzten in die Tiefe! Als sie wieder einen festen Untergrund spürten, liefen sie weiter bis Mia fragte: „Du Mel, ich habe so ein komisches Gefühl, als ob wir im Kreis laufen. Du nicht auch?“ Mel antwortete leicht verwirrt: „ Doch, wie, als ob wir...! Jetzt weiß ich es.“ „Sag schon!“, fordert Mia sie ungeduldig auf. „Wir sind in einem Labyrinth!“, rief Mel. Entschlossen gingen sie weiter und kamen zu einer Stelle, an der es Gold-Silber-Bronzemünzen regnete. Sie sammelten etwas davon ein. Dabei stießen sie an eine Wand. Diese öffnete sich und Mia und Mella sprangen in den dahinterliegenden Raum.

Als sie sich vorsichtig weiter vortasteten, tauchte wie aus dem Nichts ein Fluss auf. Beide wurden magisch hineingezogen. Er führte zu einem Wasserfall und durch eine Tür nach Hause ins Bett. Zunächst dachten die Mädchen, es wäre ein Albtraum, aber dann fragte Mel: „Du Mia, erinnerst du dich noch an das Geheimfach unter dem Bett?“ „Ach stimmt ja, natürlich!“, antwortete Mia lachend.

So war das: Ihnen war langweilig und so sind sie in das Geheimfach gekrochen, um ein Abenteuer zu erleben. Naja, das hatten sie ja.

Aber erst einmal gingen Mel und Mia lange schlafen. Danach aßen sie ausgiebig. Nun freuen sie sich schon auf das nächste Abenteuer.

Mr. Astromecs Entdeckung

Von Jakob Vardi

Mr. Astromec sitzt auf der Toilette und ist aufgeregt. Er wird in zehn Stunden an die ISS ankoppeln. Doch auf einmal hört er Schreie! Er zieht sich die Hose hoch, rennt in das Cockpit und sieht einen Kometenschauer. Er fragt: „Was ist hier los?“ Mrs. Kommader antwortet: „Ein Kometenschauer!“ „Stellen sie mich mit Husten in Verbindung!“, ruft er ihr aufgeregt zu. Aber es ist vorbei, die Instrumente fallen aus, die Rakete teilt sich in zwei Hälften und ein Portal öffnete sich. Sie sehen verdutzt aus dem Cockpit, denn fünf Raumschiffe kommen aus dem Portal. Die Raumschiffe schießen sie ab. Plötzlich fällt der Motor aus und alles wird schwarz.

Als Mr. Astromec aufwacht, ist er in einer Art Labor. Er sieht einen Nahmegijaner, den er eigentlich nur aus Legenden kennt. Kurz darauf wird durch die Wand geschossen und der Nahmegijaner liegt tot auf dem Boden! Mrs. Kommader stürmt zur Tür und befiehlt: „Kommen Sie mit! Unser Fluchtschiff ist bereit." „Was soll das eigentlich, wo bin ich hier?", fragt sich Mr. Astromec. Egal, er machte einfach was sie sagt. Kurz darauf sind sie aus dem Labor ausgebrochen. Sie sehen ein Schild auf dem steht: „Labor (69, 69, 69)". Sie rennen in eine Art Dschungel. Schließlich machen sie an einem kleinen See eine Pause. Als Mrs. Kommader meint, dass sie fast da seien, springt ein kleines Tier aus dem Busch! Sie sehen es verwundert an. Es ist irgendwie ganz süß. Es kommt näher und näher, springt Mr. Astromec an und wie es aussieht, mag es Mr. Astromec. Er meint: „Jetzt haben wir eine neue Begleitung." Wir nennen dich einfach „Junior". Schließlich wandern sie weiter. Es wird sehr heiß und sie sehen einen ausbrechenden Vulkan. Sie laufen weiter, bis es wieder Stück für Stück kälter wird. Unvermittelt schneit es. Es sammelt sich eine Schicht Schnee an, die immer höher wird. Sie geraten in einen Blizzard!

Sie rennen so schnell, dass ihre Augen tränen. Immer weiter. Sie trauen ihren Augen nicht, als sie ein Raumschiff sehen. Sie steigen vorsichtig ein. Als sie in der Luft sind, fliegen sie in ein Portal, ähnlich wie das im Kometenschauer! Als sie aus dem Portal herauskommen, nehmen sie Kontakt mit der ISS auf.

Das Ende ist euch überlassen...

Die kleine Ameise und ihre Abenteuer

Von Milan Krumpholz

Die Bewohner des Ameisendorfs „Ameiso" lebten in Ruhe und Frieden. Eines Tages regnete es stark und eine Wasserflut zerstörte das ganze Dorf. Nur das Baby der Ameisenkönigin - Anton - überlebte die Katastrophe. Er wurde von der Flut an das Ferienhaus der Menschenfamilie Störchel gespült.

Die kleine Ameise kletterte durch das Fenster von Sandro. Sandro war der jüngste Sohn der Familie Störchel. In seinem Zimmer stand ein großes Puppenhaus, worin es sich die Ameise gemütlich machte. Anton schlief vor Erschöpfung sofort ein.

Am nächsten Morgen erwachte er mit großem Hunger. Er roch die frischen Waffeln, die Sandros Mutter gebacken hatte. Die kleine Ameise machte sich auf den Weg in die Küche, kletterte mühsam auf die Küchentheke und biss in eine der Waffeln. Er hatte noch nie in seinem Leben so etwas Leckeres gegessen und verspeiste fast eine ganze Waffel. Danach trank er unbemerkt von Sandros Saft. Da er nun einen vollen Bauch hatte, wurde Anton wieder müde. Er schlich sich hoch in Sandros Zimmer und machte dort ein Mittagschläfchen. Als er wach wurde, krabbelte er ins Wohnzimmer und schaute sich heimlich einen Film mit an, den Sandro gerade im Fernseher angeschaltet hatte.

Und so vergingen einige Tage...

Durch das große Wohnzimmerfenster sah Anton eines Tages am Ende des Gartens einen großen Berg. Es war tatsächlich ein Ameisenhaufen. Anton machte sich sofort auf die Reise dorthin. Als er endlich am Ameisenhaufen ankam, wurde er freudig von den anderen Ameisen begrüßt. Er erzählte ihnen von seinen

Abenteuern. Von seiner Familie, von seinen Freunden und von dem Regen, der sein Dorf zerstört hatte.

Die Ameisen nahmen Anton liebevoll bei sich auf. Er lebte glücklich und zufrieden im Garten der Familie Störchel und wurde schließlich sogar der König der Ameisen.

Die drei Freundinnen treffen Dinos

Von Nathalie Prochnio

Es war mal ein Mädchen. Sie hatte kurze schöne braune Haare. Sie war eine Detektivin, mit ihren zwei Freundinnen hatten sie schon 19 Fälle gelöst. Kim, Marie und Franziska sind ein gutes Team.

Marie kommt immer zu spät. Franzi das ist ihr Spitzname, sagt zu Kim: ,,Marie kommt zu spät.“ Doch da, in dem Augenblick kommt Marie angerannt. Sie musste erst mal atmen, dann fang sie an zu reden. Kim fragt Marie: ,,Was ist los, willst du uns sagen das wir eine neuen Fall haben?“ Marie sagt: „Ja, so sieht‘s aus. Sahra hat mir geschrieben das sie uns so schnell wie möglich treffen muss.“ Franzi sagt: „Wozu braucht sie uns?“ Kim sagt: ,,Ich verstehe! In ihrem Gebiet gibt es Dinos, oder Marie?“ „Genau Kim sie hat Angst, dass sie sie beißen können, und deswegen müssen wir heute unsere Koffer packen das wir pünktlich morgen am Flughafen sind.“ Franzi staunt und sagt: ,,Was, wieso heute schon Marie?“ „Hab ich doch gerade gesagt, Franzi.“ „Na schön bis morgen am Flughafen. Ich packe jetzt meinen Koffer zusammen.“, antwortet Kim. „Bis morgen ihr zwei!“ rufen Franzi und Marie gleichzeitig. Am nächsten Morgen treffen sich die Drei am Flughafen. Franzi sagt: ,,Heute ist ein schöner Tag.“ Marie sagt: ,,Da hast du recht.“ Kim sagt: ,,Ich habe Hunger und wann können wir ins Flugzeug?“ Franzi antwortet: ,,In 15 min. werden wir reingelassen Kim, solange kannst du noch aushalten oder?“

Kim sagt: ,,Du hast recht Franzi.“ Marie sagt: ,,Jetzt nur noch 2 min., ihr Beiden“. „Da kommt das Einstieg Dingsbums, Franzi und Marie!“ ruft Kim begeistert. Franzi ruft: ,,Wir kommen, Amerika.“ Im Augenblick klingelt das Telefon von Marie, sie geht dran und es war Sahra. Sie ruft ins Handy: ,,Die Dinos greifen wieder an, wann seid ihr da?“ Marie sagt:

,,Was? Sie greifen an?“ „Wo seid ihr gerade?“ „Wir sind gerade losgeflogen. Entschuldigung, aber das Flugzeug hat sich verspätet.“ „Das kann doch nicht wahr sein oder? Dann kommt ihr erst heute Nacht?“ „So sieht‘s aus. Bis später ihr drei.“, sagt Sahra. „Ach wegen der Frage, ich bin im Haus, danke.“ „Ich sage den Beiden da vorne etwas, o.k.?“ „O.K.“ „O.k. meinetwegen.“ Marie fragt: ,,Könnt ihr schneller fliegen?“ Die Piloten sagten: ,,Ja, wie schnell denn?“ Marie sagt: ,,So schnell ihr könnt!“ „O.K.“ Franzi ruft: ,,Wacht auf Marie und Kim, es ist etwas passiert!“ Kim fragt: ,,Was ist passiert?“ Franzi erklärt: ,,Das Gas ist leer, wir können erst in 10 min. weiter fliegen und wir landen auf Hawaii.“ Kurze Zeit später. Die Drei treffen die Dinos. Sie fangen mit einem Seil einen Dino ein. Der Dino schreit: ,,Bitte lasst mich gehen, sonst sterbe ich.“ Und wenn sie nicht gestorben sind, leben sie noch heute.

Damit haben die drei Freudinnen den 20. Fall gelöst.

Der Urlaub nach Pakistan

Von Munteha Ahmed

Es war einmal ein Mädchen, sie hieß Sara. Sie hat auch eine Schwester namens Lusie. Ihre Eltern wollten in den Sommerferien nach Pakistan fliegen. Sie sind für einen Monat nach Pakistan geflogen. Im Flugzeug gab es auch einen kleinen Fernseher. Sara hat darauf nur Lieder gehört und Lusie hat nur Filme geguckt.

Saras und Lusies Eltern kommen aus Pakistan. Sara, Lusie und ihre Eltern können auch pakistanisch. In Pakistan leben ganz viele Cousinen und Cousins von den beiden Mädchen. Als sie ankamen haben Sara, Lusie, ihre Eltern und ihre Cousinen und Cousins zusammen Baseball gespielt. Sara und Lusie wollten eigentlich gar nicht nach Pakistan fliegen, sie haben immer gefragt, was das ist und die Eltern haben immer gesagt, dass es ein Land ist. Sara und Lusie hatten viel Spaß und haben sich gefreut, sie haben sich vorgenommen, dass sie immer ihre Ferien in Pakistan genießen. Die Eltern haben sich sehr darüber gefreut, dass es Sara und Lusie Spaß gemacht hat.

Der alte Leo und der neue Rico

Von Anneke Eichwede

Leo ist ein Dalmatiner und lebt bei Familie Müller. Familie Müller hat drei Kinder und Leo. Die Kinder heißen Leonie, Ben und Luise. Luise ist die Oberzicke im Haus, sie motzt jeden an. Leonie und Ben dagegen sind mit Leo ein Herz und eine Seele. Sie gehen mit ihm spazieren, spielen mit ihm und sie sind beste Freunde. Mutter Henrike mag Leo auch gerne. Aber Papa Mattias mag Leo gar nicht gern. Als Familie Müller in den Urlaub fahren will, finden sie aber kein Appartement und kein Hotel, wo Leo mit kann. Papa schlägt vor, dass sie Leo auswildern. Leonie sagt: „ Nein, niemals!"

In einer Nacht schleicht Papa sich mit Leo aus dem Haus. Er bindet Leo an einem Baum fest und gab ihm sogar nichts zu fressen. So saß er, eine ganze Woche da, bis Uli ihn findet und ihn mit nach Hause nimmt. Leo kriegt von Uli genug zu fressen und zu trinken. Uli bringt ihm auch Zirkustricks bei und Leo hat ein super Hundeleben bei ihm. Ulis Leben verändert sich total. Uli tauft Leo um, auf den Namen Rico. Er hat endlich einen Freund mit dem er so viel machen kann. Er ist so fröhlich mit ihm, denn Uli spielt jeden Tag mit Rico. Bei den Hausaufgaben sitzt Rico immer neben ihm und er ist einfach so ein guter Freund. Rico hat endlich einen neuen Vertrauten Lebenspartner gefunden. Rico weicht nicht mehr von Ulis Seite, egal wohin Uli geht. Die Beiden sind beste Freunde fürs Leben.

Eine traurige Geschichte

Von Till Hallmann

Ich heiße Till, ich bin sehr traurig. Mein Opa ist gestorben. Er ist im Bad umgefallen, und ich habe ihn später entdeckt. Ich dachte, er wäre ohnmächtig. Der Krankenwagen vom ASB war da. Sie konnten nichts mehr tun, denn Opas Herz hat nicht mehr geschlagen. Man konnte ihn nicht mehr wiederbeleben. Er wurde in sein Bett gelegt. Da durften wir ihn alle nochmal angucken. Am nächsten Morgen wurde er abgeholt und in den Sarg gelegt.

Einen Tag vor seiner Beerdigung wurde ich 10 Jahre alt. Ich hätte gerne meinen Opa wieder zurück gewünscht, aber das ging nicht.

Am Tag der Beerdigung wurde in der Trauerhalle beim Friedhof Musik gespielt. Am Anfang war mir langweilig. Viele Blumen standen dort, manche haben bunte Kränze und Herzkränze vor den Sarg gestellt. Alle Besucher sind nur wegen Opa hergekommen. Auch mein anderer Opa kam angereist, meine Oma, mein kleiner Bruder und viele mehr. Ein paar Leute haben eine Rede gehalten. Ich finde mein Papa hat am besten geredet. Er hat viele schöne Ideen gehabt und sehr gut erzählt, wie Opa früher war. Ich fand es aber noch schöner, dass sich welche ans Mikro gestellt haben und sich getraut haben etwas zu sagen.

Nachdem der Pfarrer fertig war, kamen 4 Männer in dunkler Kleidung und weißen Handschuhen. Sie rollten den Sarg zum Friedhof. Dort war das Grab schon ausgehoben, ein großer Erdhaufen lag nebendran. Das Loch in der Erde war sehr tief, ungefähr 4 Meter. Der Sarg wurde in die Erde gelassen, und jeder durfte Blumen, Erde oder ein selbstgemaltes Bild drauf werfen. An Opas Grab steht nur ein Holzkreuz, der Grabstein kommt später. Es war sehr traurig dort. Opas Sarg war sehr schön, braun mit einem orangen Blumengesteck drauf. Leider hat mir am Grab nicht jeder Beileid gewünscht, manche haben wohl nicht gedacht, dass ich ihnen meine Hand geben würde. Anschließend gingen alle ins Gemeindezentrum um Kaffee zu trinken und Kuchen zu essen. Der Trauerkuchen war sehr lecker. Es war alles schön geschmückt. Wir hatten viele schöne Fotos auf den Tischen, die wir früher mit der Kamera gemacht haben. Denn jeder sollte ja wissen, dass Opa am 20.4.2016 gestorben ist, und dass alles nur wegen seinem Tod aufgebaut wurde (Tische usw.). Jeder konnte sich ein Album, auf dem Opa abgebildet war, anschauen. Auch ich, mein Bruder und meine Familie sind darin abgebildet. Viele haben geweint und haben sich Sorgen um das weiterführende Leben gemacht. Ich habe mit meinem Bruder und meinem Cousin im Kirchgarten Fangen gespielt.

Ich würde alles dafür hergeben, dass Opa wieder da ist. Ich würde sogar mein Nintendo in den Müll werfen. Er hat so viel gemacht. Er war ein wichtiger Mann in unserer Familie. Er hinterlässt das größte Loch, das es je in unserer Familie gab. Ich kann es einfach noch nicht fassen.

Wir werden ihn nie vergessen!

Königreich Hawaii

Von Lucie Peters

Penny Papaja und ihre Familie fliegen diesen Sommer in den Ferien nach Hawaii. Pennys Freundin Bella Banane kommt auch mit. Die beiden freuen sich schon riesig! Als sie schon im Flugzeug sitzen... „Oh Bella! Ich kann es kaum erwarten! Es wird bestimmt spannend!“, sagt Penny zu Bella. „Bestimmt! Wann wir wohl da sind?“. Penny antwortet auf Bellas Frage: „Hmmm... ich glaube.... Da! Da ist Hawaii!“ Die Freundinnen sind so glücklich! Das Flugzeug landet im selben Augenblick. Es macht „RUMS“

Die ganze Familie und Bella steigen aus dem Flugzeug. Sie nehmen zwei Taxis und fahren zur Unterkunft. Schnell überlegen sie sich, an den sonnigen Strand zu gehen. Mama Papaja macht ein Nickerchen auf einer Strandliege. Papa Papaja spielt mit Pennys kleinem Bruder Jonas Fußball. Pennys große Schwester Chiara, lackiert sich die Fingernägel. Nur Penny und Bella wissen nicht was sie machen sollen. Sie sitzen eine Weile einfach nur am Strand und planschen mit den Füßen im Wasser, bis ... „Penny! Ich hab eine Idee! Wir können die

Insel erforschen!“, ruft Bella. „Super Idee! Komm wir laufen gleich los. Ich sag nur noch schnell meiner Mutter Bescheid.“ Als Penny und Bella eine halbe Stunde auf der Insel herumgelaufen sind und noch nichts Spannendes gefunden haben, setzen sie sich gemütlich auf einen großen Fels. Plötzlich hören sie ein lautes Gekreische. „Oh man, was ist das denn für ein Lärm? Ich verstehe ja mein eigenes Wort nicht mehr!“, beschwert sich Bella. Aber Penny möchte der Sache auf den Grund gehen.

Sie lugt hinter zwei Büschen hindurch und entdeckt einen riesigen Park. Mit Rutschen aus Bambus, Leitern und Plattformen, großen Blättern, mit denen man rutsch kann, Wasserattraktionen und allem was Spaß macht! Und überall wimmelt es nur so von Affen! Laute Musik dröhnt aus Lautsprechern und auf dem Boden sind Luftschlangen und Konfetti verteilt. Penny und Bella flippen total aus! „Oh mein Gott! Das ist so cool! Ich möchte am liebsten mitfeiern. Die feiern doch, oder? Bella wir müssen da mitmachen!“ „Au ja! Und die ganzen Affen! Sooooo süß!“ Bella rennt gleich zu einem Affen rüber und streichelt ihn. Da kommen auf einmal noch drei andere Affen an gehüpft. Sie lassen sich alle von Bella streicheln. Da fängt plötzlich ein Affe an zu reden: „Hallo. U-A, U-A! Möchtet ihr mit uns feiern? U-A, U-A! Der Affen Kaiser hat heute Geburtstag.“ Penny und Bella antworten im Chor: „Na klar!“ Der Affe meldet sich wieder zu Wort: „Übrigens, ich heiße Koco und das sind meine Freunde Nana, Berty und Sojo. Wir freuen uns, euch kennenzulernen. U-A, U-A!“ Jetzt wo Koco, Nana, Berty, Sojo, Penny und Bella sich ein bisschen unterhalten haben, fangen die Affen auch an, den beiden Mädchen den Park zu zeigen. Die sechs Freunde haben mächtigen Spaß! Bis auf einmal die Musik unterbrochen wird und man stattdessen eine Ansage hört: „Liebe Affen und an alle die mitfeiern. Der Kaiser wurde entführt! Und deswegen wird die Party unterbrochen, bis er wieder gefunden wird. Bitte sucht alle mit!“

Alle Affen stehen einfach nur mit offenem Mund da, oder geraten in totale Panik. Da hat Sojo eine tolle Idee: „Wisst ihr was Freund, wir werden den Kaiser finden. Das machen wir so…“ Sojo erklärt allen fünf seinen Plan und sie teilen sich für die Suche auf. Penny läuft einen Hügel hinauf, findet aber nichts. Berty klettert auf jede Plattform, findet aber auch nichts. Bei den anderen läuft es auch nicht viel besser, außer bei Bella. Sie findet hinter einem Baum bunte Federn. Diese Federn gehören dem Kaiser. Es sind die Federn von seinem Kopfschmuck. Als Bella die Federn aufheben möchte, hört sie Stimmen: „So, hier wirst du jetzt bleiben!“ „U-A! Lass mich frei! U-A!“

Eine dieser Stimmen kommt Bella bekannt vor. Sie ruft ihre Freunde. Aber nur Penny kommt. Sie erzählt, das Koco, Nana und Berty in einem Graben gefallen sind und Sojo versucht sie herauszuholen. Gerade will Bella Penny die Federn zeigen, da stört sie ein lautes singen. Sie schauen hinter dem Baum und sehen dort den Indianersingenden Jonas herumhüpfen. Und den Affen-Kaiser! Penny guckt ihren Bruder böse an und fragt: „Was machst du denn hier? Und warum hast du den Affen-Kaiser entführt?“ Jonas antwortet: „Papa hatte keine Lust mehr Fußball zu spielen und Mama und Chiara auch nicht. Da habe ich jemanden zum Spielen gesucht. Naja, ich musste den Affen an den Baum festbinden, damit er nicht abhaut.“ Penny befreit den Affen-Kaiser und alle vier laufen zurück zum Park.

Die Party geht sofort weiter, Jonas bekommt ein bisschen Ärger und der Affen-Kaiser möchte Penny und Bella zu seinen persönlichen Beratern ernennen und er bietet ihnen an, mit im Schloss zu leben. Das geht natürlich nicht, da Penny und Bella bald abreisen werden. Bella macht dem Kaiser einen Vorschlag: „Lass doch Koco, Nana, Berty und Sojo mit in deinem Schloss wohnen und ernenne sie zu deinen Beratern!“ Der Kaiser tat das und sie feierten noch den ganzen Tag!